MANFRED MOHR

Der Bambus-Effekt

*Durch gefühlvolle
Akzeptanz
über sich selbst
hinauswachsen*

Besuchen Sie uns im Internet:
www.knaur.de

© 2017 Knaur Verlag
Ein Imprint der Verlagsgruppe
Droemer Knaur GmbH & Co. KG, München.
Alle Rechte vorbehalten. Das Werk darf – auch teilweise – nur mit
Genehmigung des Verlags wiedergegeben werden.
Redaktion: Dr. Ulrike Strerath-Bolz
Covergestaltung: ZERO Werbeagentur, München
Coverabbildung: FinePic®, München / shutterstock
Satz: Adobe InDesign im Verlag
Druck und Bindung: CPI books GmbH, Leck
ISBN 978-3-426-87759-3

5 4 3 2 1

Inhalt

Einleitung 7

1. Der Bambus steht in seinem Hain 13
   Steh zu deinem Gefühl.
   Es ist der Zugang zur reinen Quelle in dir.
2. Der Bambus wiegt sich im Wind 38
   Widme dich deinen Gefühlen gelassen.
   Sie fließen in alles hinein, was du tust.
3. Der Bambus bleibt elastisch 61
   Nimm dein Gefühl achtsam wahr.
   Schenk ihm Ruhe und Frieden.
4. Der Bambus trotzt dem Sturm 94
   Spüre jedes Gefühl in deinem Herzen.
   Bleib standhaft, wenn es sich zeigt.
5. Der Bambus gewinnt an Stärke 123
   Halte deinen Gefühlen kraftvoll stand.
   Jede Herausforderung möchte das Beste
   in dir ans Licht bringen.
6. Der Bambus wächst zu seiner wahren Größe . . 150
   Weite deine Gefühle aus.
   Entdecke dabei das versteckte Potenzial deiner Gefühle.
7. Einfach Bambus sein genügt 176
   Ein Bambus ist einfach, was er ist.
   Steh auch du zu deinen Gefühlen. Du bist, was du fühlst.

Anhang 201
   Liste der Übungen
   Literatur- und Quellenverzeichnis
   Bücher von Bärbel und Manfred Mohr

Einleitung

*Wenn du nicht von Dingen
tief in deinem Herzen schreibst,
warum willst du dann
so viele Worte machen? (Meister Ryokan)*

Dem Bambus ist es wie kaum einer anderen Pflanze gelungen, sich mit seiner Symbolik tief in der Kultur Asiens zu verwurzeln. In Indien etwa steht das baumartige Gewächs für Freundschaft und wird in diesem Sinne auch häufig verschenkt. Besonders aber in China hat der Bambus einen hohen Stellenwert erhalten. So findet er beispielsweise in sehr vielen Schriftzeichen Verwendung, die Gegenstände bezeichnen, etwa Stäbchen, Stift oder Flöte. Diese Gegenstände wurden in früheren Epochen meist aus Bambus hergestellt. Das älteste überlieferte Märchen Japans handelt von der Bambusprinzessin, die von ihren Eltern in einem Bambushain gefunden wurde. Jedes Kind in Japan kennt diese Geschichte. Sie findet sich in abgewandelter Form auch in anderen Regionen Asiens, etwa auf den Philippinen und in Malaysia.

Schon seit vielen Jahrhunderten und besonders seit dem frühen Mittelalter bewundern die Menschen in Asien den Bambus wegen seiner vielfältigen guten Eigenschaften. Sie suchen seitdem nach Möglichkeiten, diese Fähigkeiten auch in sich selbst zu kultivieren. So gelassen, wie ein Bambus den unterschiedlichen Witterungen zu trotzen vermag, so streben

dort auch die Menschen danach, den Widrigkeiten ihres Lebens in Harmonie und innerem Frieden zu begegnen.
Welche Qualitäten besitzt nun der Bambus, und was kann ich als Mensch von ihm lernen? »Der Bambus-Effekt« beantwortet diese Frage. Anhand der bedeutsamsten Eigenschaften des Bambus zeigt das Buch, wie diese uns in unseren täglichen Herausforderungen zur Seite stehen können. »Werde wie ein Bambus« oder »Finde deine Bambus-Natur« könnte der Slogan lauten.
Der Bambus selbst besitzt seine positiven Qualitäten von Geburt an. Er muss sie sich nicht mühevoll in einer Schule aneignen, sondern sie sind natürliche Fähigkeiten. Ein Bambus muss nicht erst lange darüber nachdenken, wie er mit einer bestimmten Witterung, etwa einem Sturm, umgehen soll. Nein, diese Begabung wurde ihm bereits in die Wiege gelegt. Ähnlich verhält es sich auch mit uns Menschen, nur haben wir diese uns zur Verfügung stehenden Qualitäten im Laufe unseres Lebens mehr und mehr vergessen.
Der Bambus-Effekt stellt die Grundlagen vor, mit deren Hilfe es auch uns gelingen kann, mit dem täglichen Auf und Ab unseres Alltags besser umzugehen. Sie basieren darauf, dass wir alle sie schon immer als Teil unseres Wesens besitzen. Wenn wir empfindsamer, gelassener, elastischer, standhafter, stärker, wachstumsorientierter und auf einfachere Art und Weise mit unseren täglichen Belastungen umgehen wollen, kann uns der Bambus ein guter Lehrer sein. Er hilft uns, unser wahres Wesen wieder zu entfalten. Er kann uns ohne Worte unterrichten, einfach, indem wir ihn betrachten und seine ganze Art zu sein studieren.
Eine Wurzel, die dem Bambus so festen Halt gibt und die ihn sicher in der Erde verankert, besitzen wir Menschen augenscheinlich nicht. Doch so wie der Lebenssaft des Bambus

durch seine Wurzeln aufgenommen wird, so strömt auch in uns ständig eine Energie, die uns mit allem versorgt, was wir brauchen. Dies sind unsere Gefühle und Empfindungen, die uns antreiben, motivieren und die unser Dasein so lebendig machen. Um also zu werden wie ein Bambus, müssen wir uns zuerst unserer Gefühle bewusst werden. Deshalb ist der Bambus-Effekt vor allem auch ein Gefühlscoaching. Durch unsere Gefühle, unsere Eindrücke und Wahrnehmungen sind auch wir mit unserer seelischen Wurzel verbunden. Hier liegt die Quelle unserer Intuition und unserer Ideen.

Um so natürlich und lebendig wie ein Bambus werden zu können, ist es notwendig, dass wir uns dieser reinen Quelle in uns wieder neu zuwenden. Das erste Kapitel handelt vom Thema »Reinheit« als einer der hier vorgestellten Bambus-Qualitäten. Wir sollten wieder achtsamer werden, um unsere Gefühle besser und reiner wahrnehmen zu können. Wenn wir unseren Gefühlen mehr Aufmerksamkeit schenken, geben sie uns eine verbesserte, reinere Wahrnehmung zurück.

Im zweiten Abschnitt geht es um Gelassenheit. Wir lernen die Wirkung unserer Gefühle auf unsere Handlungen kennen. Wenn wir vertrauensvoll dem Fluss unserer Gefühle folgen, kann uns eine Tätigkeit oftmals viel besser gelingen. Eine Arbeit, in die wir viel Intuition und Feingefühl investieren, gelingt uns besonders gut. Sie besitzt eine besondere Schönheit und bekommt auch eine höhere Qualität.

Diese positive Wirkung unserer Gefühle ist aber nicht nur auf unsere Handlungen beschränkt. Unsere Stimmung strahlt auch nach außen ab und verleiht uns dabei eine besondere Ausstrahlung und Charisma. Im dritten Kapitel geht es um die Elastizität, um das Prinzip des Ausgleichs. Ein Problem, das wir mit einem anderen Menschen haben, kann aufgelöst werden, wenn wir erkennen, was wir dort selbst zu geben haben.

Standhaftigkeit ist das Thema des nächsten Kapitels. So, wie der Bambus jeder Witterung trotzt, so können auch wir unseren verschiedenartigsten Stimmungen und Gefühlen standhalten. Lebendig zu sein bedeutet, dem natürlichen Fluss unserer Gefühle zu folgen. Den Raum, den wir unseren Gefühlen in unserem Herzen schenken, erhalten wir durch die uns damit erlangte innere Freiheit zurück.

Manchmal fordern uns bestimmte Menschen ganz besonders heraus. »Stärke« ist dann von uns gefordert, und von ihr handelt das fünfte Kapitel. Wie kann ich erkennen, was ich einer solchen Person geben kann? Unser Gefühl für das, was uns dieser Mensch vermittelt, hilft uns dabei, auch diese Herausforderung zu meistern.

Kapitel sechs handelt von der »Wachstumsfähigkeit«, die unsere Gefühle besitzen. Je mehr wir uns darin üben, zu fühlen, umso mehr wachsen wir in diese Fähigkeit hinein. Hier kommen wir in Kontakt zu unserem inneren Schweinehund, der nicht wachsen möchte, und entdecken Möglichkeiten, wie wir ihn liebevoll und akzeptierend austricksen können.

So einfach es für den Bambus ist, ein Bambus zu sein, so leicht gelingt uns auch der Zugang zu unseren Gefühlen. Um Einfachheit geht es deshalb im siebten und letzten Kapitel. Wir müssen uns nicht anstrengen, um eine bestimmte Ausstrahlung zu haben. Wir haben diese Ausstrahlung einfach immer. In jedem Moment.

Mit Hilfe des Bambus-Effekts erschließt sich mir die Welt von einem ganz neuen Gesichtspunkt heraus: aus dem Blickwinkel meiner Gefühle. Wir wollen die Welt verstehen und nutzen dabei vorrangig unseren Verstand. Um die Hintergründe der Geschehnisse in unserem Leben aber wirklich begreifen zu können, ist vor allem unser Gefühl nutzbringend. Wir betrachten in diesem Buch letztlich das uralte Dilemma zwischen unserem Verstand und unserem Gefühl. Welcher dieser Herangehensweisen gebe ich den Vorzug? In unserer neuen Zeit wird dies immer mehr unser Gefühl sein. Ich würde sogar sagen, die Zukunft wird vor allem durch die Fähigkeit von uns Menschen bestimmt sein, wieder mehr auf unsere Gefühle zu achten und auf sie zu hören.

Mein ganz besonderer Dank gilt Waliha Cometti. Viele der hier vorgestellten Ideen entstanden in Seminaren und Gesprächen mit ihr (siehe Literaturverzeichnis).

Viel Spaß beim Lesen und Fühlen wünscht

Manfred Mohr

1. Der Bambus steht in seinem Hain

*Steh zu deinem Gefühl.
Es ist dein Zugang zur reinen Quelle in dir.*

*Der Bambushain bei meiner Hütte
schenkt mir Kühle und Schönheit.
Bambus ist so stark wie Kiefer und Eiche,
dabei zarter als Pfirsich- oder Pflaumenblüte.
Er wächst aufrecht und hoch,
innen hohl, doch mit kräftiger Wurzel.
Ich liebe die Reinheit und Ehrlichkeit meines Bambus
und wünsche ihm, dass er immer gut gedeiht.
(Meister Ryokan)*

Ganz besonders im asiatischen Kulturraum wird der Bambus hochgeschätzt. Seine glatte Rinde schützt ihn vor Verunreinigungen, denn an seiner Oberfläche perlt der Schmutz einfach ab. Diese damit nach außen repräsentierte Reinheit verkörpert in der Sichtweise des Zen-Buddhismus die grundlegenden ethischen Werte eines Ehrenmannes. Sein ebenmäßiger Wuchs symbolisiert einen rechtschaffenen Geist und einen aufrechten Charakter. Da seine Blätter zu jeder Jahreszeit grün bleiben, wird er außerdem mit Tugenden wie Loyalität und Kontinuität in Verbindung gebracht. Seit dem Mittelalter werden in Japan meditative Tuschezeichnungen der Bambuspflanze angefertigt, um diese Symbolik voller hoher moralischer Werte hervorzuheben. Die herausragende Stellung des Bambus zeigt sich auch daran, dass in Japan und China viele Tempelanlagen sehr häufig von Bambuswäldern umgeben sind, die als ein heiliger Schutz dienen sollen. Eine spezielle Art dieser Pflanze wird sogar als »heiliger Bambus« bezeichnet.

Warum ist das Fühlen so wichtig? In diesem ersten Kapitel gehe ich dieser Frage nach. Der Bambus-Effekt beruht vor allem auf der Wechselwirkung, die wir durch unsere Gefühle auf unsere Umwelt haben. Zumeist ist uns diese Einwirkung, die wir aber andauernd ausüben, gar nicht wirklich bewusst. Mein Gefühl (!) sagt mir, dass dies vor allem mit einer Art »innerer Entfremdung« zu tun hat, die darauf beruht, dass wir uns selbst häufig nicht mehr genügend spüren. Unsere Gefühle sind in unserer modernen Zeit einfach ins Hintertreffen geraten, wir messen ihm keine allzu große Bedeutung mehr zu. Hier, zum Einstieg, möchte ich darum vor allem auf die Dringlichkeit hinweisen, unsere Gefühle wieder wahrzunehmen und ihrem Impuls häufiger zu folgen. Denn unsere Gefühle können dann für uns eine Brücke werden zur vielleicht wichtigsten Person in unserem Leben: zu uns selbst. Über unsere Gefühle können wir in Kontakt zu unserer Seele treten, zur reinen Quelle in uns.

Gefühle spielen überall in unserem Leben eine weit wichtigere Rolle, als wir bisher vermutet haben. Da du als Leser ja dankenswerterweise dieses Buch in Händen hältst, schauen wir doch einfach mal, welche Bedeutung unsere Gefühle zum Beispiel beim Lesen besitzen.

Grundsätzlich kann ich mich den Eigenschaften des Bambus von zwei unterschiedlichen Seiten her nähern. Einmal mit Hilfe meines Verstandes, andererseits aus der Perspektive meines Gefühls. Naturgemäß benutze ich beim Lesen vor allem meinen wachen Geist und lasse die Worte in Form von Buchstaben auf mich wirken. Beim Lesen mit dem wachen Verstand setze ich mich mit dem Gelesenen bereits sehr intensiv auseinander. Wirklich begreifen kann ich aber erst, wenn ich mich auch emotional mit dem Thema beschäftige und es so zu meinem eigenen mache. Dann »fülle« ich es an mit meiner eigenen Begeisterung, mit meiner ureigensten Erfahrung. Ich binde mich dann an ein Thema auch gefühlsmäßig an.

Man kann dies gut erkennen, wenn beispielsweise ein Lehrer oder Redner über ein bestimmtes Fachgebiet referiert. Sicher gibt es fachlich gute Dozenten, die traumhaft vortragen und aus dem Stehgreif alle Fragen beantworten können. Damit beim Zuhörer aber wirklich etwas ankommt, braucht es eine große Portion Gefühl. Erst wenn es dem Vortragenden gelingt, sein Auditorium auch emotional zu erreichen, ergreift sein Thema das Publikum. Die Begeisterung des Menschen, der redet, geht auf seine Zuhörer über. Und das, was gesagt wird, dringt damit viel tiefer in das Bewusstsein ein. Schon hier ist zu erkennen, welche große Rolle Gefühle in jedem Bereich unseres Lebens spielen. Nur merken wir dies meist auf den ersten Blick noch gar nicht.

Ein guter Redner imponiert vielleicht durch seinen wachen Geist und sein großes Wissen, begeistern wird er aber erst dann, wenn er seine Zuhörer auch emotional erreicht.

Für mich war es während meines Studiums manchmal eine reine Qual, den unterschiedlichen Professoren in den Vorlesungen zuhören zu müssen. Im Kreis meiner Mitstudenten vergaben wir sogar etwas lästerhaft Noten für den jeweiligen

Dozenten, die an Valium-Einheiten angelehnt waren. Ein Professor, der etwa nur vom Manuskript ablas und kaum einmal frei sprach, wirkte auf uns so einschläfernd, dass er das Prädikat »Valium 10« bekam. Ein junger Dozent, der uns durch seine Redekunst und Schilderungen aber wirklich in seinen Bann zog, hatte stattdessen einen sehr hohen Stellenwert bei uns. Seine Vorlesungen waren immer gut besucht und unser Highlight.

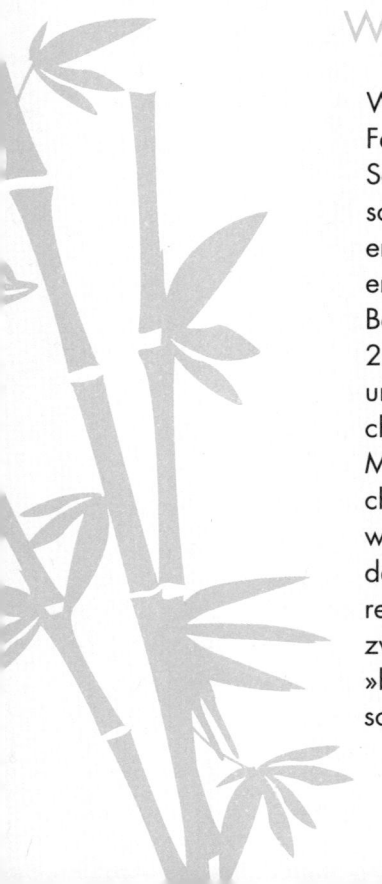

Wie wirkt dieser Mensch?

Wenn du das nächste Mal vor dem Fernseher sitzt, mach doch einmal den Selbstversuch und frage dich beim Zuschauen: Wie wirkt dieser Mensch? Ist er entspannt, gestresst, locker, witzig, ernst, was auch immer. Nutze zum Beispiel die Zeit zwischen 19 und 20 Uhr, in der auf vielen Kanälen die unterschiedlichsten Nachrichtensprecher zu sehen sind. Welcher dieser Moderatoren ist dir sympathisch, welcher weniger? Wem hörst du gerne zu, wem nicht? Wenn du magst, kannst du den Sprechern wie wir damals während des Studiums Valium-Einheiten zwischen 1 und 10 zuordnen, 1 für »besonders spannend« und 10 für »einschläfernd hoch drei«. Günther Jauch oder Thomas Gottschalk hätten beide niemals diese hohe Popularität, wenn sie nicht auf ihre äußerst unterhaltsame Weise reden und moderieren könnten. Sie sprechen damit unsere Gefühle von Freude und Begeisterung an.

Gefühle prägen aber nicht nur unsere Gespräche, sondern auch unsere Handlungen. Mir wurde dies erstmalig bewusst, als ich als Gast an einem Gremium der sogenannten »Ausbildereignungsprüfung« teilnehmen durfte. Hier werden Ausbilder auf ihre Befähigung hin überprüft, mit jungen Menschen arbeiten zu dürfen, die einen bestimmten Beruf erlernen möchten. Ganz allgemein wird bei seiner Ausbildung ein Lehrling an seine Tätigkeit in vier fest vorgeschriebenen Schritten herangeführt:
1. Erklären
2. Vormachen
3. Nachmachen lassen
4. Korrigieren
Zunächst erklärt der Ausbilder die auszuübende Fertigkeit, dann macht er sie dem Lehrling vor. Dabei dürfen Fragen gestellt werden. Dann aber soll der Lehrling selbst Hand anlegen, und der Ausbilder schaut zu, ohne einzugreifen. Am Ende wird die Durchführung durch den Lehrling besprochen, und es werden Hilfestellungen gegeben. Eventuelle Fehler werden dabei korrigiert.
So ähnlich wie beim Reden vor einer Gruppe werden auch beim Erlernen einer Fertigkeit also beide Ebenen angespro-

chen: die geistige und die emotionale. Mit dem Verstand kann ich den Erklärungen des Ausbilders folgen. Wirklich sicher in meiner Sache werde ich aber erst, wenn ich etwas selbst tue und dabei meine eigenen Erfahrungen mache. Erst dann kann ich sagen, dass ich diese Sache beherrsche. Wiederum ist dabei vor allem mein Gefühl wichtig: Ich habe es selbst gekonnt, und das gibt mir Sicherheit. Dort, wo mein Verstand zwar weiß, aber noch irgendwo theoretisch bleibt, schenkt mir erst mein Gefühl die eigene Erfahrung damit. Ich sage zwar umgangssprachlich dann: »Ich kann das.« Und dieses Können setzt natürlich Wissen voraus. Der Ausbilder hat es mir genau erklärt. Eigentlich und treffender müsste ich aber sagen: »Ich habe das gefühlt.« Denn erst bei der Durchführung wurde mir die Sicherheit im Gefühl geschenkt.

Wirklich begreifen können wir erst, wenn wir eigene Erfahrungen in einer Sache gemacht haben. Erfahrungen basieren vor allem auf unserem Gefühl. Erst im Gefühl bekommen wir die Sicherheit, zu sagen: »Ich kann das!«

Um diesen Gedanken noch ein wenig weiterzuspinnen, stellen wir uns doch einmal einen sehr klugen Menschen vor, der studiert und dabei lange und gewissenhaft in Büchern schmökert, um sich allerlei Fachwissen anzueignen. Selbst wenn er mit Auszeichnung abschließt, wird erst die Praxis zeigen, wie er sozusagen »unter Wettbewerbsbedingungen« im Berufsleben zurechtkommen wird. Häufig sind nämlich gerade die besonders klugen Schüler und Studenten am Ende nicht unbedingt die, welche großen beruflichen Erfolg haben. Ein hoher Intelligenzquotient (IQ) ist kein Garant dafür. Stattdessen hat die Wissenschaft entdeckt, dass vor allem ein hohes Maß an emotionaler Intelligenz beruflich erfolgversprechend ist. Um dies nachzuweisen, wurde sogar extra ein eigener Quotient der emotionalen Intelligenz (EQ) aus der Taufe gehoben, der durch Tests messbar ist.

Teste deinen EQ!

Mittlerweile gibt es dankenswerterweise eine Reihe von Tests im Internet, um deinen Quotienten der emotionalen Intelligenz zu testen. Dieser hier umfasst 100 Fragen und dauert etwa 20 Minuten. Hast du Lust, dich einmal auf diese Weise zu erproben? Hier geht's zum Test: http://spiele.sueddeutsche.de/eqtest/.

Bei den Ehemaligentreffen meiner Schulklasse habe ich festgestellt, dass sich vor allem diejenigen Mitschüler beruflich selbstständig gemacht haben und dabei erfolgreich sind, die früher eher nicht die großen Leuchten waren. Ich würde hier fast eher den Begriff »Bauernschläue« wählen, denn schon zu Schulzeiten waren sie besonders geschickt darin, sich eigene, kreative Wege durch den Alltagsdschungel zu bahnen. Diese Fähigkeit spricht für einen hohen EQ, da es solchen Menschen besser gelingt, sich in unbekannte Herausforderungen einzufühlen. Durch ihre emotionale Fähigkeit meistern sie dann auch anspruchsvolle Situationen und fühlen sich ihnen eher gewachsen als reine »Theoretiker«, die oft zu sehr auf den Verstand vertrauen und sich darum manchmal nicht aus dem Studierstübchen auf die Straße wagen.

Es sind vor allem unsere emotionalen Fähigkeiten, die uns dazu befähigen, gut und erfolgreich durch unser Leben zu gehen.

»Ausbilder« im weitesten Sinne sind wir alle auf vielfältige Weise. Jeder, der mit Menschen zu tun hat, kann diesen Grundsatz beherzigen. Sei es nun als Chef für die Mitarbeiter, als Dozent in der Erwachsenenbildung oder als Mutter und Vater für unsere Kinder.
Eine gute Mutter oder ein guter Vater wird neben dem Verstand immer und ganz besonders das Gefühl der ihr oder ihm Anvertrauten schulen. Es hat nur wenig Sinn, wenn Eltern immerfort zeigen, wie toll sie selbst sind und wie gut sie etwas können. Denn es geht ja vor allem darum, im Gegenteil die Kinder gut und toll werden zu lassen. Um bei ihnen einen hohen Wert von emotionaler Intelligenz zu schulen, treten kluge Eltern darum immer wieder selbst zurück und geben den Kindern so die Möglichkeit, Lösungen und Ideen bei ihren Aufgaben zu entdecken. Denn wie ich schon sagte: Die Fähigkeit und das Selbstvertrauen, eine bestimmte neue Problemstellung zu lösen, kommt vor allem aus der eigenen Erfahrung und dem damit verbundenen Gefühl von Sicherheit. Dies sollte das Ziel von Erziehung und Ausbildung sein.
Ein guter Ausbilder sollte also im besten Fall auf die Fähigkeit seiner Schüler vertrauen und ihnen genau dieses Gefühl vermitteln: »Du kannst das. Ich glaube an dich.« Dieser

Glaube an sich selbst wird sich dann im Schüler verfestigen und Teil seines Gefühlskörpers werden. Er nimmt ihn mit, aus der Schule hinein in sein weiteres Leben. Letztlich schult somit ein guter Lehrer vor allem das Gefühl, die Selbstsicherheit seiner Schüler. Sie werden dann weitestgehend frei und unabhängig, auch von ihrem früheren Lehrer.

Das sind die besten Führer, von denen – wenn sie ihre Aufgabe vollendet haben – alle Menschen sagen: »Wir haben es selbst getan.« (Laotse)

Die folgende Geschichte verdeutlicht, wie wichtig die innere Haltung eines Lehrers gegenüber seinen Schülern sein kann:

Ein College-Professor schickte seine Soziologiestudenten in die Slums von Baltimore, um die Situation von über zweihundert Jungen aufzuschreiben. Dann sollten sie eine Prognose über die Zukunft eines jeden Jungen abgeben. In allen Fällen schrieben die Studenten: »Er hat keine Chance!«
Fünfundzwanzig Jahre später stieß ein anderer Soziologieprofessor auf die frühere Studie. Er ließ seine Studenten dieses Projekt nachvollziehen, um zu sehen, was mit den Jungen passiert war. Mit Ausnahme von zwanzig Jungen, die weggezogen oder gestorben waren, erfuhren die Studenten, dass 176 der verbliebenen 180 ungewöhnlich viel Erfolg als Anwälte, Ärzte und Geschäftsleute erreicht hatten.
Der Professor war überrascht und beschloss, die Angelegenheit genauer zu betrachten. Glücklicherweise lebten alle Männer in der Nähe, und er konnte jeden einzelnen befragen: »Wie erklären Sie sich Ihren Erfolg?« Und alle antworteten: »Es gab eine geniale Lehrerin.« Die Lehrerin lebte noch, also machte er sie ausfindig und fragte die alte, aber noch immer aufgeweckte Dame, mit wel-

cher Zauberformel sie die Jungen aus den Slums herausgerissen habe, sodass sie ein so erfolgreiches Leben führen konnten.
Die Augen der Lehrerin funkelten, und auf ihren Lippen zeigte sich ein Lächeln. »Es ist wirklich ganz einfach«, sagte sie. »Ich liebte diese Jungen.«

Ich hoffe, aus dieser Einführung wird deutlich, wie wichtig es heutzutage ist, unseren Gefühlen mehr Aufmerksamkeit zu schenken und damit unsere emotionale Intelligenz zu schulen. Ein höherer EQ macht uns erfolgreich, hilft uns, intuitiv Probleme zu lösen, und gibt uns eine Form von emotionaler Sicherheit, die unser Verstand allein uns leider nicht zu vermitteln vermag.
Der Erfolg von Menschen mit hohem EQ basiert vor allem darauf, dass wir zwar in unserer wissenschaftlich orientierten Welt unserem Verstand einen sehr hohen Stellenwert zumessen, aber tief in uns und ursprünglich vor allem fühlende, empfindsame Wesen sind. Der Instinkt eines Tieres, den wir bei uns Menschen eher Intuition nennen würden, ist ein wichtiger Teil unserer Fähigkeiten, auch wenn er bei uns im Tagesbewusstsein vom lauten und immerwährenden Denken zumeist überlagert wird. Ich vergleiche darum das Denken oft mit einer lauten Trommel, die andauernd in unserem Kopf erklingt. Sie ist so laut und uns gleichzeitig auch so vertraut, dass wir gänzlich verlernt haben, auf unsere innere, leisere Stimme der Empfindung und Intuition zu hören. Ich nenne sie gern die Stimme unseres Herzens.

Erst in der Stille wird uns die leise Stimme
unserer Intuition bewusst.

Fühlen, um erfüllt zu sein

Um nun die erste Form des Bambus-Effekts kennenzulernen, leg bitte für einen Moment das Buch beiseite und schließe kurz deine Augen. Leg beide Hände auf dein Herz, und halte einfach einmal inne. Was spürst du jetzt? Atme ein paar Mal ein und aus und warte ab, welches Gefühl sich bei dir einstellt. Spüre dabei in dich hinein. Um die Übung zu intensivieren, geh in direkte Zwiesprache mit deinem Herzen. Frag es direkt: »Mein Herz, was spürst du jetzt?« Gib deinem Herzen eine kleine Verschnaufpause und hör ihm zu. Wenn du magst, lausche seinem Schlagen dabei, und spüre deinen Puls. Wie geht es dir, wenn du diese Übung einige Minuten lang durchgeführt hast?

Gerade unser Kontakt zum eigenen Herzen kann eine Quelle für uns werden, um zu spüren, welche Gefühle in ihm wohnen und nur darauf warten, von uns entdeckt zu werden. Es kann ein wenig Übung erfordern, bis wir merken, welche Gefühle sich in unserem Herzen zeigen. Frage dazu auch einmal dein Herz: »Mein Herz, welches Gefühl wohnt gerade in dir? Wel-

ches Gefühl möchte gerade in dir aufsteigen? Welches Gefühl füllt dich gerade aus?« Spüre dieses Gefühl, lausche ihm nach, entdecke es. Und registriere, was langsam beginnt, als Herzensgefühl in dir wach und größer zu werden.
Mit Hilfe dieser Übung gelingt es auch, wieder mehr in Verbindung mit dir selbst zu kommen. Frage dich darum auch manchmal im Laufe der nächsten Tage: Wie geht es mir? Wie geht es meinem Körper? Wie frisch oder ausgelaugt ist mein Geist? Wie fühle ich mich insgesamt heute? Was könnte ich in diesem Moment für mich tun, damit es mir gutgeht? Die simple Frage »Wie fühlt sich das an?« kann mir erlauben, wieder einen ersten Zugang zu meinen Gefühlen zu bekommen. Es ist wirklich sehr einfach, mich immer wieder einmal selbst zu spüren.

So wie es bei Tieren ganz natürlich ist, dass sie ihrem Instinkt folgen, etwa, wenn sie eine Gefahr wittern, so können auch wir zurückfinden zu diesem sicheren Gefühl unserer Intuition. Auch wir sind in der Lage, ähnlich wie Tiere Schwingungen oder Signale aus unserer Umwelt intuitiv aufzunehmen und uns nach ihnen zu richten. Auch und gerade wenn unser Verstand damit, vorbelastet durch all unser angelerntes Wissen, auf den ersten Blick zunächst einmal gar nichts anzufangen vermag. Es ist ein Lernprozess, das gebe ich gerne zu. Er lohnt sich jedoch. Dies zeigte schon das Beispiel der erfolgreichen Menschen, die über einen hohen EQ verfügen. Ich würde sogar sagen, nicht nur unser Erfolg, auch unser persönliches Glücksempfinden ist in der Fähigkeit verborgen, wieder auf neue Weise fühlen zu lernen. Wie bei der letzten Übung beschrieben, ist es nämlich unser Gefühl, das uns erfüllen kann. Und Erfülltheit ist nur ein anderes Wort für Glück.
Unser Bewusstsein, das vor allem durch unser immerwäh-

rendes Denken zu uns spricht, ist wachsam und steuert und schützt uns im Alltagsleben. Und das ist gut so, denn damit erfüllt es voll und ganz seine ihm vorherbestimmte Funktion. Das sollte aber nicht so weit gehen, dass wir ihm nur noch und voll und ganz die Hoheit über unsere Entscheidungen in die Hand legen. Denn eine zweite Instanz in uns ist viel unmittelbarer mit der Quelle unserer Intuition verbunden, und dies ist unser Gefühl. So wie Khalil Gibran sagt, schläft dieser zweite, weit wichtigere Teil in uns. Er ist uns zumeist nicht bewusst. Doch wir können lernen, seiner feinen Stimme zuzuhören:

Der Mensch besteht aus zwei Teilen: Einer wacht in der Dunkelheit, der andere schläft im Licht. (Khalil Gibran)

Unsere Gefühle würde ich etwas poetisch als die Sprache unserer Seele bezeichnen, so wie die Gedanken die Sprache unseres Verstandes sind. Durch unsere Gefühle spricht unsere innere Stimme zu uns, die ich unserem Herzen zuschreiben möchte und die in weit engerer Verbindung zu unserer Seele steht als unser Verstand. Diese Stimme unserer Intuition möchte uns Ideen vermitteln, mit uns in Kontakt treten, um uns führen und lenken zu können. Den Kontakt zu unserem Gefühl aufzugeben bedeutet, die Verbindung zu unserer seelischen Führung zu kappen. Wir können spüren, was uns guttut, und wir können wahrnehmen, welchen nächsten Schritt wir tun sollten.

Durch unsere Gefühle spricht unsere innere Stimme der Intuition zu uns. In jedem Moment. Wir müssten ihr nur zuhören.

Von Carl Gustav Jung ist der Satz geprägt: »Wer nur nach außen schaut, träumt. Wer sich nach innen wendet, erwacht.« Diese innere Betrachtung unserer Gefühle und Eingebungen kann uns nach Meinung Jungs eine innere Welt eröffnen, die unserem Verstand sicherlich zunächst einmal sehr fremd vorkommen muss. Diese Welt erklärt sich nicht logisch, sondern ist einfach, wie sie ist, und wird wahrgenommen. Dazu muss ich nur kurz innehalten und mich fragen: Wie fühle ich mich damit? Und die Antwort lässt nicht lange auf sich warten: Aha, für mich ist das jetzt so. Mit dieser Sache hier geht es mir so. Ich fühle mich wohl oder unwohl. Dies braucht keine nähere Erläuterung. Ich fühle es eben in diesem Moment auf diese Weise. Und morgen fühle ich vielleicht schon wieder ganz anders.

Der Reisende ins Innere findet alles, was er sucht, in sich selbst. Das ist die höchste Form des Reisens. (Laotse)

Wenn ich in meinen Seminaren die Teilnehmer zum Fühlen animiere, ist genau dies häufig Anlass für eine gewisse Verwirrung. Manche fragen mich dann: »Ja, was soll ich denn jetzt machen? Wie soll ich das denn jetzt fühlen?« Wir sind es einfach nicht gewöhnt, auf einen anderen Menschen einmal ganz unbelastet zuzugehen und ihn zu fühlen. Darum ist es ganz normal, wenn wir zunächst einmal etwas verdutzt aus der Wäsche schauen. Doch kann dies jeder, wir tun es sogar ständig. Nur läuft dies unterbewusst ab.

Jeder kann fühlen. Und es ist viel einfacher, als du glaubst.

Das Fühlen folgt jedoch ganz eigenen Gesetzen und Prinzipien, die anders sind als die Regeln unseres Verstandes. Wenn wir in der Schule lernen, dass $2 + 2 = 4$ ist, dann ist das sicher richtig. Beim Fühlen gibt es aber nicht diese klare Unterscheidung in Richtig und Falsch. Ein Gefühl ist, wie es ist. Und damit ist es immer richtig. Ein Gefühl kann grundsätzlich nicht falsch sein. Denn es entspringt meiner inneren Quelle, die aus meiner Seele schöpft.

*Ein Gefühl ist immer richtig. Es gibt keine
»falschen« Gefühle. Höchstens unangenehme.*

Durch unsere schulische Prägung in Richtig und Falsch stehen viele Menschen bei den ersten Versuchen, in sich hineinzuspüren, anfangs vor dem Dilemma, »richtig« fühlen zu wollen. Richtig würde bedeuten, so zu fühlen wie alle anderen Teilnehmer des Seminares. Wenn ich dann alle im Kreis herum frage, was sie gefühlt haben, muss ich oft dazu ermutigen, wirklich auszusprechen, wie diese Empfindung war. Denn jeder Mensch fühlt anders. Einfach darum, weil jeder von uns eine besondere Wesenheit darstellt. Mit einer besonderen Seele. Jeder von uns ist ein einzigartiges Gesamtkunstwerk der Schöpfung. So wie jedes Gänseblümchen auf der Wiese etwas anders ist, einzigartig und speziell. Warum sollten unsere Gefühle nicht auch einzigartig sein?

*Im Gefühl ist jeder Mensch besonders. Jeder fühlt für
sich auf eigene Weise. Jeder fühlt etwas anderes.*

Was für den einen kalt erscheinen mag, ist für den anderen warm. Wo jemand sich wohlfühlt, verspürt ein anderer Unwohlsein. Und das ist auch völlig in Ordnung so. Im Gefühl ist eben nicht 2 + 2 = 4. Gefühle sind nicht so statisch wie Zahlen. Sie können sich verändern, sind fließend, gehen ineinander über. Das mag auf den ersten Blick verwirrend erscheinen, macht aber auch den großen Reiz des Fühlens aus. Durch diese Unterschiedlichkeit entsteht nämlich eine unendliche Vielfalt. Und dies, das immer Neue, immer andere, ist wohl das wichtigste Grundgesetz der Schöpfung. Hier, auf der Ebene der Gefühle, tritt es am deutlichsten zutage.

In unseren unterschiedlichsten Gefühlen zeigt sich die ganze Vielfalt der Schöpfung.

Beim Fühlen können wir nicht auf das Sichtbare zurückgreifen, das unsere Augen sehen und das wir mittels unseres Verstandes bewerten und beurteilen können. Beim Fühlen treten wir in Kontakt mit einer unsichtbaren Welt und können darum nicht auf die Augen zurückgreifen. Beim Fühlen sind wir auf unsere Herzensaugen angewiesen, die meist noch schwach und unentwickelt sind, aber geschult werden können. Diesen Augen geht es dann aber oft so wie in der folgenden Geschichte:

Eines Tages sagte das Auge: Hinter diesen Tälern im blauen Dunst sehe ich einen Berg. Ist er nicht wunderschön? Das Ohr lauschte eine Weile und sagte dann: Wo ist der Berg? Ich sehe keinen! Darauf sagte die Hand: Ich versuche ihn zu greifen, aber ich kann keinen Berg finden. Da wandte sich das Auge in eine andere Richtung. Die anderen redeten weiter über diese merkwürdige Täuschung und kamen zu dem Schluss: Mit dem Auge stimmt etwas nicht! (Khalil Gibran)

Wie gesagt, Gefühle sind immer richtig. Auch wenn jemand anders fühlen mag. Und eben darin liegt die vielleicht größte Herausforderung, wenn wir lernen wollen, unseren Gefühlen zu vertrauen. Sie sind auch dann noch richtig, wenn je-

mand anderer Meinung ist. Wenn jemand anders fühlt und deshalb an uns zweifelt. Auch dann kann ich zu meinem Gefühl stehen.
Carl Gustav Jung hat sich wie kaum ein anderer mit der Innenschau auf unser Unbewusstsein beschäftigt. Selbstverständlich ist unsere Innenwelt in besonderer Weise durch unsere Gefühle geprägt. Auch wenn uns dies meist nicht bewusst ist, fühlen wir immer etwas, in jedem Moment. Und solange wir uns dessen nicht bewusst sind, können wir auch keinen positiven und steuernden Einfluss darauf nehmen. Fühlen ist für uns oft ein dermaßen automatisch ablaufender Vorgang, dass wir dem Irrtum verfallen, unsere Gefühle existierten unabhängig von uns.

Wir können immer etwas fühlen.
In jedem Moment steht uns diese Möglichkeit offen.

Das Erwachen, von dem Jung sprach, hat vor allem damit zu tun, uns unseren Gefühlen mehr zu öffnen. Denn vom Wortsinn her lässt sich der Begriff »Gefühl« auf das Wort »Empfinden« zurückführen, was ursprünglich altdeutsch »etwas in sich finden« bedeutet hat. Dieses tiefe Empfinden ist noch rein und ursprünglich und steigt in mir in jedem Moment auf, damit ich es wahrnehmen kann. In seiner ersten Reinheit ist es als Intuition mit meiner Seele verbunden und kann durch mein Herz wahrgenommen werden.
Eine erste reine Empfindung ist somit unendlich wertvoll, denn sie kann mir wichtige Impulse geben, etwa, um eine Entscheidung zu treffen. Mein Gefühl bei dieser Sache ist in der Lage, mir dazu gute Hinweise zu liefern. Ist es darum nicht sehr wünschenswert, wieder fühlen und empfinden zu lernen?

Unser Gefühl sollte unsere vielleicht wichtigste Basiskompetenz im Berufs- und Alltagsleben sein.

Im Weiteren werde ich das Wort »Gefühl« im Sinne dieses Empfindens verwenden. Ich finde mit etwas Übung mein Gefühl zu einer bestimmten Sache oder einem besonderen Menschen, wenn ich mich mit meinem Herzen verbinde. Dieses Gefühl entspringt meiner inneren Quelle des Seins, die unablässig in mir sprudelt, damit ich sie in mir finde und sie bei allen Fragen meines Lebens hören kann. Die Übungen, die ich für den Bambus-Effekt ausgesucht habe, werden dich dabei unterstützen, deine Gefühle besser wahrzunehmen.

Ein Gefühl, das in mir aufsteigt, entspringt aus meiner inneren Quelle des Seins.

So wie der Bambus ein Symbol für Reinheit ist, sind auch die in uns aufsteigenden Gefühle rein und richtig. Sie sind in der Lage, uns unsere eigene Wahrheit zu vermitteln, wie wir etwas erleben und spüren. Gefühle wachsen dabei so rein und natürlich aus uns heraus, wie ein Bambussprössling nach seiner Aussaat in die Höhe schießt. Es wird erst danach mit Hilfe unseres Verstandes in Kategorien wie gut und schlecht oder falsch und richtig eingestuft.

In ihrem Ursprung ist eine Empfindung noch rein und damit frei von Bewertungen.

Der Zugang zu unserer inneren Quelle ist dabei so wertvoll und positiv, dass ich ihn gern, in Analogie zum positiven Denken, als »Positives Fühlen« bezeichnen möchte. Mit dem Begriff »Positives Fühlen« sind alle Informationen und Impulse zusammengefasst, die mir mittels meiner Intuition zuteilwerden können. Anstatt mir unablässig den Kopf zu zerbrechen und keine Lösung oder Entscheidung finden zu können, hilft mir das Positive Fühlen rasch, eine gute Einschätzung der Lage zu bekommen. Und da Übung bekanntlich den Meister macht, habe ich in dieses Buch einige Übungen dazu aufgenommen.

In unserer neuen Zeit sollten wir häufiger
»Positiv Fühlen«, statt nur immer positiv zu denken.

Denn wenn wir leider oft nicht wirklich mit unseren Gefühlen in Verbindung stehen, welche Sinne nutzen wir dann wohl stattdessen? Es ist das vielleicht größte Dilemma unserer Zeit, dass wir unsere Gefühle so oft zur Seite schieben und unserem Verstand das Steuer in die Hand geben. Im Grunde genommen ist es sogar unsere starke Hinwendung zum Wissen und verstandesmäßigen Begreifen, die uns von uns selbst entfernt hat. Denn nur unser Gefühl gibt uns die Möglichkeit, uns selbst wirklich wahrzunehmen. Gedanken verhalten sich oft eher wie ein Flugzeug in der Warteschleife, das um den Flughafen kreist und ewig auf die Landung wartet. Gedanken kreisen oft nur um sich selbst, und im ständigen Suchen nach noch mehr Wissen finden wir dann auch keine verstandesmäßige Lösung mehr. Darum könnte das Fühlen in Zukunft noch wichtiger werden. »Fühlst du schon, oder denkst du noch?«, könnte ein Slogan werden.

Wenn du das Ende von dem erreicht hast,
was du wissen solltest, stehst du am Anfang dessen,
was du fühlen solltest. (Khalil Gibran)

Um noch einmal C. G. Jung zu zitieren, den ich sehr verehre: »Lernen Sie das Beste, wissen Sie das Beste – und dann vergessen Sie alles wieder, wenn Sie zu den Patienten kommen.« Denn oft sind wir so angefüllt mit unserem Wissen, dass gar kein Platz mehr ist für neue Eingebungen oder Raum für unsere Intuition. Die folgende Zen-Geschichte handelt davon.

Ein Professor legte einen weiten Weg durch die Berge zurück, um einen berühmten Zen-Meister zu besuchen. Als er ihn gefunden hatte, stellte er sich vor, nannte alle seine akademischen Titel und bat um Belehrung. »Möchten Sie Tee?«, fragte der Mönch. »Ja, gern«, sagte der Professor. Der alte Mönch schenkte ihm Tee ein. Bald war die Tasse voll, aber der Mönch schenkte weiter ein, bis der Tee überfloss und über den Tisch auf den Boden tropfte. »Genug!«, rief der Professor. »Sehen Sie nicht, dass die Tasse schon voll ist? Es geht nichts mehr hinein.« Der Mönch antwortete: »Genau wie diese Tasse sind auch Sie voll von Ihrem Wissen und Ihren Vorurteilen. Um Neues zu lernen, müssen Sie erst Ihre Tasse leeren.«

In unserer Gesellschaft gibt es eine unerhörte Verehrung von Wissen und Wissenschaft. Selbst habe ich eine wissenschaftliche Laufbahn absolviert und bin promovierter Chemiker. Während meiner Abschlussfeier, bei der mir der Doktortitel verliehen wurde, kam dann meine Mutter auf mich zu, gratulierte mir schüchtern und fragte mich ganz ernsthaft: »Redest du jetzt noch mit mir?« Das ist schon ein bisschen traurig und spiegelt wider, welche große Bedeutung das Wissen in unserer Gesellschaft hat.
Ich selbst sehe den wissenschaftlichen Betrieb, den ich ja von innen heraus bestens kenne, eher skeptisch. Lieber halte ich es mit George Bernhard Shaw, der meinte: *Science never solves a problem without creating ten more.*

Die folgende Geschichte zeigt, wie sehr man bei der Betrachtung einer Sache (auch wissenschaftlich) danebenliegen kann. Oft befasst sich ja gerade die Wissenschaft nur mit bestimmten Teilaspekten, so wie hier:

Es waren einmal fünf Gelehrte, die waren alle blind. Eines Tages wurden sie von ihrem König auf eine Reise geschickt, denn sie sollten herausfinden, was ein Elefant ist. Und so machten sich die Blinden auf den Weg nach Indien. Dort wurden sie von Helfern zu einem Elefanten geführt. Die fünf Gelehrten standen nun um das Tier herum und versuchten, sich durch Ertasten ein Bild von dem Elefanten zu machen. Als sie zurück zu ihrem König kamen, gaben sie ihren Bericht über den Elefanten ab. Der erste Weise hatte am Kopf des Tieres gestanden und den Rüssel des Elefanten betastet. Er sagte: »Ein Elefant ist wie ein langer Arm.« Der zweite Mann hatte das Ohr des Elefanten abgetastet und sprach: »Nein, ein Elefant ist eher wie ein großer Fächer.« Der dritte sprach: »Aber nein, ein Elefant ist wie eine dicke Säule.« Er hatte ein Bein des Elefanten berührt. Der vierte Weise sagte: »Also ich finde, ein Elefant ist wie eine kleine Schnur mit ein paar Haaren am Ende.« Er hatte nur den Schwanz des Elefanten in die Hand bekommen. Und der fünfte Weise berichtete seinem König: »Also, ich würde sagen, ein Elefant ist wie eine riesige Masse mit Rundungen und ein paar Borsten darauf.« Dieser Gelehrte hatte den Rumpf des Tieres angefasst. Da ihre Aussagen so wenig übereinstimmten, fürchteten die Gelehrten den Zorn des Königs. Schließlich hatten sie sich überhaupt nicht einigen können, was ein Elefant wirklich ist. Doch der König lächelte nur: »Ich danke euch, denn ich weiß nun, was ein Elefant ist: Ein Elefant ist ein Tier mit einem Rüssel, der wie ein langer Arm ist, mit Ohren, die wie Fächer sind, mit Beinen, die wie starke Säulen sind, mit einem Schwanz, der einer kleinen Schnur mit ein paar Haaren daran gleicht, und mit einem Rumpf, der wie eine große Masse mit Rundungen und ein paar Borsten ist.« Die Gelehrten senkten beschämt ihren Kopf. Jetzt erst erkannten sie, dass jeder von ihnen nur einen Teil des Elefanten ertastet hatte und dass sie sich zu schnell damit zufriedengegeben hatten.

Dem kann ich mich nur anschließen. Wenn überhaupt, widme ich mich intensiv der »Wissenschaft der Gefühle«, die Inhalt dieses Buches ist.

Auch Albert Einstein stand dem Denken durchaus kritisch gegenüber, als er sagte:

»Der gesunde Menschenverstand ist eigentlich nur eine Anhäufung von Vorurteilen, die man bis zum 18. Lebensjahr erworben hat.«

Der einen engen Verstand hat, hat kein breites Herz. (Laotse)

»Fühlen« sollte darum in unserem Leben endlich den Stellenwert bekommen, den bisher nur das »Denken« hatte. Beide sollten gleichberechtigt sein, und gern darf das Fühlen dann bald die Oberhand bekommen. Wenn wir bisher in Gesprächen nach Meinungen fragten: »Was denkst du darüber?«, könnte hoffentlich schon bald eine neue Frage im Mittelpunkt stehen: »Wie fühlt sich das für dich an?«

Um erstmals mit unserem Gefühl in Kontakt zu kommen, wirkt tatsächlich die einfache Frage »Was fühle ich gerade?« Wunder. Sie kann schon ein guter Einstieg sein. Unser Gefühl bringt uns unserem Sein immer näher, denn vor allem sind wir als Menschen eines: fühlende, lebendige Wesen. Statt weiter im Außen zu suchen, finden wir uns selbst. Wir beginnen zu fühlen. Wir begegnen uns selbst. Fühlen öffnet das

Tor unseres Herzens, und wir beginnen, Mutter zu werden für unsere kleinen Wehwehchen und unsere verletzten Gefühle. Wir gehen dabei in engste Beziehung zu uns selbst und können auch alte Verletzungen heilen. Wir geben dabei einfach unserem Gefühl Raum. Gefühle brauchen Aufmerksamkeit und Platz, damit wir sie wahrnehmen können. Von Meister Ryokan wird diese Geschichte erzählt, die helfen kann, wie wir auch mit unseren Gefühlen umgehen sollten:

Ryokans Hütte lag in einem Bambushain, und einmal durchbrach ein junger aufkeimender Schössling den Boden der Hütte. Ryokan verfolgte sein Wachstum mit liebevoller Anteilnahme. Als er sah, dass der Bambus zu hoch für den Raum wurde, beschloss er, das Dach an der Stelle zu entfernen. Er versuchte, mit einer Kerze ein Loch ins Dach zu brennen. Dabei brannte die gesamte Hütte ab.

DIE BAMBUS-ESSENZ

In seiner ersten, reinsten und ursprünglichsten Form lautet der Bambus-Effekt:

Das, was wir fühlen, erfüllt uns. Unser Gefühl schenkt uns Erfüllung.

Wenn wir eine Tätigkeit konzentriert und achtsam ausüben, sind wir ganz mit unserem Gefühl bei dieser Sache. Unser Gefühl verbindet uns mit dieser Tätigkeit. Es setzt ein Fluss ein, ein »Flow«, der uns Zeit und Raum vergessen lässt. Da ist nur noch diese eine Sache, die wir tun, sonst nichts. Wir sind ganz bei dieser Tätigkeit und auch gleichzeitig bei uns. Wir fühlen, was wir tun, und wir sind ganz angefüllt, erfüllt von diesem Tun. Im Fluss fließt unser Gefühl in diese Handlung, und die Handlung schenkt uns, sozusagen als Dankeschön, Erfüllung zurück.

Eine Tätigkeit, die wir achtsam und mit Gefühl vornehmen, schenkt uns das, was wir ihr geschenkt haben, zurück. Was wir fühlen, füllen wir, und es erfüllt uns.

Vom Klang her sind sich »Fühlen« und »Füllen« sehr ähnlich. Die reine Empfindung, die etwas in uns »findet«, verbindet uns innig mit unserer Seele, mit unserem inneren Ursprung. Das tiefe Spüren, das dabei in uns aufsteigt, verbindet uns mit einer Quelle, aus der wir schöpfen können und sollen, um schöpferisch zu sein. Diese Empfindung will sich ausdrücken, und »füllt« uns darum aus, damit wir uns »ausgießen« in eine Tätigkeit, die wir verbunden mit unserem achtsamen Gefühl vornehmen. Das, was wir in dieser Weise tun, erfüllt uns, da es offenbar unsere Bestimmung ist, in dieser Weise schöpferisch zu sein. Dieses Gefühl von Erfüllung resultiert aus der innigen Verbindung mit unserer Quelle.

Die Erfülltheit, die uns eine tief empfundene Tätigkeit schenkt, begründet sich durch ihre ursprüngliche Verbindung zu unserer seelischen Quelle.

Auch wenn wir als Menschen keine sichtbare Wurzel besitzen, so wie sie der Bambus hat, können wir doch über unsere Gefühle Kontakt aufnehmen zu einer seelischen Quelle in uns. So wie ein Bambus durch seine Wurzel mit seinem Lebenssaft versorgt wird, so werden auch wir ständig mit Energie erfüllt, wenn wir fühlen. Diese Energie steht uns immer zur Verfügung und strömt in uns ein. Sie füllt uns aus und macht uns erst so richtig lebendig.
Diese Lebendigkeit macht uns wach und lässt uns auch besser wahrnehmen, was uns umgibt. Wenn wir unsere Gefühle achtsamer wahrnehmen, befähigen sie uns dazu, auch unsere Umwelt reiner und besser wahrzunehmen.

2. Der Bambus wiegt sich im Wind

Widme dich deinen Gefühlen gelassen.
Sie fließen in alles hinein, was du tust.

> *Absichtslos laden die Blüten den Schmetterling ein.*
> *Absichtslos besucht der Schmetterling die Blüten.*
> *Die Blume öffnet sich, der Schmetterling kommt zu ihr.*
> *Der Schmetterling landet, die Blume öffnet sich.*
> *Ich verstehe andere nicht,*
> *andere verstehen mich nicht.*
> *Nicht-verstehend folgen wir dem Weg.*
> *(Meister Ryokan)*

Ein Bambus hält gelassen allen Witterungen stand. Wie das Wetter auch sein mag, ob es trocken ist oder nass, heiß oder kalt, stürmisch oder windstill, der Bambus hat die innere Gelassenheit, allem zu begegnen. Er ist im tiefen Vertrauen, dass sich das Wetter wieder ändern wird, so wie im ewigen Ausgleich auf sieben dürre Jahre sieben reiche Jahre folgen werden. Vielleicht ist es gerade diese beständige Gelassenheit des Bambus, die ihn in vielen asiatischen Ländern zum Glücksbringer werden ließ. Der sogenannte Glücksbambus gilt dort als einer der ältesten Glücksbringer überhaupt. Man verschenkt ihn gern zu Geburtstagen, Hochzeiten oder Firmengründungen. Philippinische Bauern stellen

Bambuskreuze auf ihr Feld, um eine gute Ernte zu erzielen. »Lucky Bamboo« dient auch im Feng-Shui zur Anhebung der Raumenergie und soll Kraft und Vitalität bringen.

Im ersten Kapitel haben wir gesehen, welch große Rolle Gefühle in unserem täglichen Leben spielen. Nun kommen wir ihnen so langsam auf die Schliche. Unsichtbar umgeben sie uns, in jedem Moment, und schaffen damit ein Feld, in dem der Bambus-Effekt seine volle Wirksamkeit erlangen kann. Alles, was wir tun, ist mit einem Gefühl verbunden. Und dieses Gefühl hat eine Rückwirkung auf uns selbst. Hier möchte ich dir zeigen, wie dies funktioniert.

Betrachten wir das Fühlen zunächst einmal aus der Sicht von Dichtern und Denkern der verschiedensten Epochen. Denn unser Fühlen ist leider nicht erst in heutiger Zeit weitgehend hinter unseren Verstand zurückgetreten. Bereits vor einem Jahrhundert schrieb der englische Erzähler David Lawrence: *Wir leben in einer allzu bewussten Zeit. Wir wissen zu viel, aber wir fühlen zu wenig.*

Und diese Meinung findet sich bei vielen Philosophen. Bereits kurz nach Christi Geburt schrieb der römische Rhetoriker Quintilian: *Gedanken machen groß, Gefühle reich.*
Denn es ist unser Gefühl, mit dem wir Begriffe wie Liebe, Glück oder Erfüllung wahrnehmen und mit Leben füllen können. Ich kann zwar denken, ich bin verliebt oder ich bin glücklich. Wirklich erleben kann ich dies aber erst, wenn ich die Gefühle wirklich im Herzen spüre. Das Fühlen macht uns erst wirklich lebendig, und es sind unsere Gefühle, die unser Leben mit Freude, Sinn und Bedeutung anfüllen. Erst

wenn wir fühlen, leben wir richtig, Henry David Thoreau, ein amerikanischer Philosoph, meinte: *Der Mensch hat überhaupt nichts gesehen, wenn er nichts gefühlt hat.*

Fühlen ist in der Lage, uns viel mehr mit einer Sache oder einer Handlung zu verbinden als nur unser reiner Verstand. Im ersten Kapitel ging es vor allem darum, durch die Frage »Wie fühlt sich das an?« einen ersten Zugang zu meinen Gefühlen wiederzufinden und vor allem mich selbst wieder mehr zu spüren. Meinen Körper, meine Stimmung, meinen inneren Zustand. Nun gehen wir über die Selbstwahrnehmung hinaus und widmen uns der Welt um uns herum. Mit Hilfe meines Gefühls bin ich in der Lage, mich selbst wahrzunehmen. Nun breite ich diese Fähigkeit weiter aus und verbinde mich gefühlsmäßig mit der Welt da draußen. Wie fühle ich mich mit diesem Menschen, dem ich begegne? Vielleicht gelingt es mir, diesen Menschen mit mehr Gefühl ganz anders zu sehen und völlig neu zu entdecken.
Mein Chef hat heute eine bunte Krawatte angezogen. Und meine Kollegin trägt ein neues Kleid. Ich spüre vielleicht plötzlich, wie es einem anderen Menschen geht und wie seine Ausstrahlung ist. Vielleicht spreche ich ihn darum auch auf neue Weise an, erwähne sein neues Outfit und lobe es möglicherweise sogar: »Oh, was für eine schöne Farbe. Wie gut Ihnen das steht!«

Fühlen verbindet mich mit anderen Menschen und meiner Umwelt.

Es wurde bereits erwähnt, wie sehr Denken sich gern um sich selbst dreht und oft den Blickwinkel nur auf mich selbst fokussiert. Gefühle sind viel weiter und umfassen auch die Welt um mich herum. Alleine schon die Absicht, mich mehr mit meinen Gefühlen zu beschäftigen, erweitert meine Wahrnehmung und lässt mich meine Welt mit neuen Augen sehen. Ich würde darum das Denken eher als eindimensional bezeichnen, farblich gesehen eher als grau. Das resultiert aus seinem ständigen Bewerten in Schwarz und Weiß, was im Mittelwert dann irgendwelche Grautöne ergibt. Ob es nun Mausgrau oder Steingrau sein mag, ist dann schon nicht mehr ganz so entscheidend. Fühlen hingegen hat eine weit größere Spannweite an Eindrücken, die die ganze Farbpalette umfassen. Fühlen ist für mich darum eher bunt und ähnelt einem Regenbogen. Statt zu bewerten, erlebe ich ein Geschehnis eben so, wie ich es gerade empfinde: als überwältigend, berauschend, berührend oder abstoßend. Damit erschließt mir das Fühlen das gesamte Spektrum der Farben und der Natur.

Wo das Denken die Welt eher schwarz-weiß betrachtet, wird sie durch das Fühlen plötzlich bunt.

Nehmen wir als Beispiel eine Blume, die in einem Park steht. Ich setze mich auf eine Bank und betrachte sie. Mit Hilfe meines Denkens kann ich sie einordnen. Es ist eine Rose. Damit unterscheide ich sie von anderen Blumen wie Astern oder Narzissen. Sie hat die Farbe Gelb. Das unterscheidet sie von anderen Blumen, die rot oder violett sind. Sie ist groß gewachsen, hat viele Blüten und rankt sich um ein Haltegerüst. Doch genügt dies wirklich, um die Wirkung der Rose auf mich vollständig zu beschreiben? Sicher nicht. Der Eindruck, den die Rose mir vermittelt, wirkt auf mich vor allem durch mein Gefühl. Spüre ich die Rose, dann macht sie etwas mit mir. Vielleicht betört mich ihr Duft, möglicherweise stehe ich bewundernd und staunend vor ihrer vollendeten Schönheit.

Die Wahrheit ist vorhanden für den Weisen, die Schönheit nur für das fühlende Herz. (Friedrich Schiller)

Jeden Menschen, jede Sache und jede Begebenheit in meinem Leben kann ich fühlen. Darum ist alles in meinem Leben grundsätzlich mit einem Gefühl verbunden. Die Rose steht symbolisch für Liebe, Verbundenheit oder Schönheit, und diese Bedeutung gebe ich ihr durch mein Gefühl. Ich verschenke sie sogar an einen lieben Menschen, um ihm etwas Gutes zu tun und ihm zu zeigen, dass ich ihn mag.

Alles, was mir in meinem Leben begegnet, ist mit einem bestimmten Gefühl verbunden.

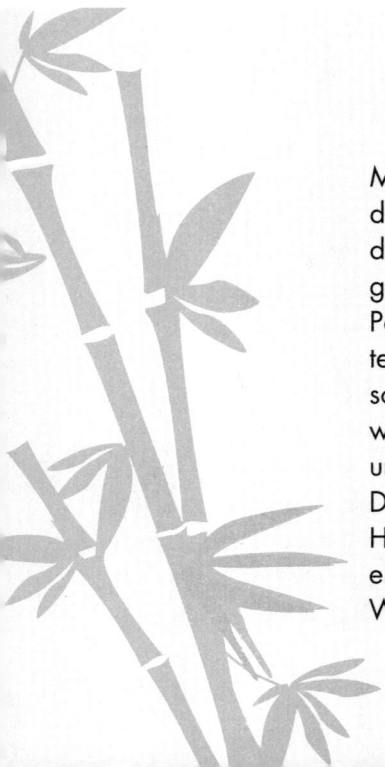

Mit Kinderaugen sehen

Machen wir doch gleich eine Übung daraus. Wenn du magst, unterbrich die Lektüre für einen Augenblick und geh hinaus in den Garten, in einen Park oder den nächsten Wald. Betrachte dort die Natur mit offenem Herzen, so wie ein Kind es tut. Viel zu oft gehen wir an der Schönheit, die uns immer umgibt, vorbei, ohne sie zu beachten. Dabei will sie uns erfreuen und im Herzen berühren. Öffne also wirklich einmal dein Herz für eine Blume am Wegesrand, für ein Kornfeld, das sich im Wind wiegt, oder einen Schmetterling, der lustig umherflattert. Dazu musst du nicht viel tun, jeder kann es. Nimm dir einfach Zeit für diese kleine Mußestunde, und stell dir innerlich die Frage: Wie fühlt sich das an? Wie empfinde ich diese Blume, dieses Kornfeld, diesen Schmetterling? Welche Gefühle erwachen in mir dabei? Und frage dich am Ende dieses kleinen Ausflugs in die Natur, wie es dir jetzt geht. Ich hoffe, du fühlst dich dann entspannter und tatendurstiger als zuvor. Die Natur kann uns sehr viel Kraft schenken, wenn wir sie besuchen und einmal einige Momente lang wirklich in unser Herz nehmen.

Wie eingangs erwähnt, verschenkt man im asiatischen Raum weniger Rosen, sondern stattdessen häufig zu Hochzeiten oder Geburtstagen eine Bambuspflanze. Denn dort besitzt sie die Bedeutung eines Glücksbringers. Bambus hat somit dort eine bestimmte Wirkung auf den Beschenkten, so wie es eine Rose in unserer Kultur hat. Diese Wirkung eines Gegenstandes auf mich wird selbstverständlich durch das Gefühl wachgerufen, das diese Sache in mir auslöst. Fühlen hat somit zwei Komponenten. Einerseits gehe ich beim Fühlen auf eine Sache, etwa eine Rose, innerlich zu und nehme sie wahr. Andererseits wirkt die Rose durch ihre

Form, Farbe und Ausstrahlung gleichzeitig auf mich zurück. Die Rose wirkt auf mich durch ihre Schönheit. Und beim Fühlen werde ich mit dieser Wirkung verbunden.

Fühlen funktioniert in zwei Richtungen. Einerseits nehme ich als fühlender Mensch die Rose wahr. Andererseits wirkt die Rose durch ihre Ausstrahlung auf mich ein.

Fühlen schenkt mir somit die Fähigkeit zur Wechselwirkung mit meiner Umwelt. Ich fühle die Rose, und die Rose wird dabei ganz mit mir verbunden. Für einen kurzen Augenblick, wenn ich die Rose spüre, sind die Rose und ich eins. In meinem Gefühl. Mein Gefühlskörper ist damit in der Lage, mich ganz mit einer anderen Sache zu verschmelzen. Diese Fähigkeit ist häufig bei Künstlern sehr ausgeprägt und kann in besonderer Weise ihren Erfolg ausmachen.

Dafür hier ein Beispiel:
Während der Song-Dynastie (960–1279) lebte in China der Maler Wen Yuke, der für seine großartigen Bambusmalereien bekannt war. Auf seinen Bildern erschien es dem Betrachter, als erwachte der Bambus regelrecht zum Leben. Um diese hohe Qualität der Malerei zu erreichen, widmete Wen viel Zeit der Betrachtung der Bambuspflanze zu jeder Jahreszeit. Er kannte diese Pflanze bald in- und auswendig. Wen wurde durch seine Hingabe so berühmt, dass selbst heute noch eine Redewendung daran erinnert. »Um den vollendeten Bambus malen zu können, hatte Wen Yuke sein vollständiges Bild bereits vorher vor Augen.« Oder kürzer gesagt: Um erfolgreich zu sein, bedarf es der Hingabe und einer guten Vorbereitung.

Aus dem Blickwinkel der Gefühle hatte Wen Yuke die Fähigkeit perfektioniert, mit der Bambuspflanze zu verschmelzen. Es gelang ihm, immer wieder so sehr eins mit ihr zu werden, dass er danach in jedem Moment in der Lage war, dieses Gefühl als Erinnerung wachzurufen. Wenn er dann einen Bambus malte, verschmolz er wieder mit ihm und vermochte ihn zu malen, nicht aus einer äußeren Wahrnehmung heraus, sondern eher aus einer inneren Betrachtung. Der Bambus und er wurden so sehr eins, als würde der Bambus sich selbst malen. Aus sich selbst heraus. Wen Yuke stellte sich als Pinselführer sozusagen ganz in den Dienst des Bambus, damit dieser sich selbst malen konnte. Der Bambus wirkte genau darum so lebendig, als wäre er nicht bloß auf dem Gemälde, sondern stünde leibhaftig in der Natur, in seinem Hain.

Im Gefühl kann es gelingen, ganz mit einer Sache eins zu werden und völlig mit ihr zu verschmelzen.

Im Moment, in dem Wen Yuke seinen Pinsel auf das Blatt setzte, war er so mit dem Bambus verschmolzen, dass der Bambus sich selbst malte, jedoch auch Wen Yuke sich selbst. In seinem Malen war Wen Yuke so aufgesogen und erfüllt von dem Bambus, dass sein ganzes Wesen, seine Lebendigkeit dabei in den Bambus floss, den er anschaute. Und ebenso, im selben Moment, auch in den Bambus auf dem Blatt, das er bemalte.
Im Zen-Buddhismus wird dieses Verschmelzen mit dem, was man tut, als höchstes Ideal angestrebt. Dazu dienen verschiedenste Tätigkeiten, etwa das Blumenstecken oder die Kunst des Bogenschießens, die Eugen Herrigel in seinem gleichnamigen Buch beschreibt (siehe Literaturhinweis). So wie es

Wen Yuke gelungen ist, eins mit seiner Malerei und dem Bambus zu werden, strebt auch ein Schüler, der beispielsweise die Meisterschaft des Schwertkampfes erlernen will, nach eben dieser Fähigkeit. Statt des Pinsels schwingt er sein Schwert. Auf der höchsten Stufe dieser Fertigkeit verschmilzt er ganz mit seinem Tun. Er wird, wie die Zen-Buddhisten es nennen, »ich-los« und damit »absichtslos«. Er trifft seinen Gegner mit dem Schwert, ohne auf ihn gezielt zu haben. Es gibt keinen Gegner mehr, keinen Kämpfer und keinen Kampf. Das Ziel und die Absicht des Kampfes sind im Vorgang des Verschmelzens vergessen. In diesem Moment gibt es das Denken gar nicht mehr. Meister des Zen-Buddhismus vergleichen die Handlungen, die Wen Yuke während seiner Versunkenheit beim Malen ausübte, gern mit Vorgängen in der Natur. Meister Ryokan beschreibt dies sehr treffend eingangs dieses Kapitels mit dem Besuch des Schmetterlings bei einer Blüte:

Absichtslos laden die Blüten den Schmetterling ein.
Absichtslos besucht der Schmetterling die Blüten ...

In dieser Absichtslosigkeit schläft unser Denken, und dann erst kann unser Herz wirken. Dort können wir ganz mit unserem Gefühl verbunden sein. Wir können eine Gelassenheit und Sicherheit erreichen, die unserem normalen Bewusstsein und unserem Verstand unerklärlich und unerreichbar bleiben muss.
Schriften wie das Tao-Te-King versuchen, diesen Zustand der Versenkung mit Worten zu beschreiben, die unseren Verstand jedoch nicht erreichen können. Vieles bleibt auf dieser Ebene einfach unerklärbar und somit paradox. Wer diese Bücher aber mehr mit dem Gefühl und mit dem Herzen liest,

dem mögen diese Zeilen (zwischen den Zeilen) vielleicht irgendwann etwas sagen. In den Momenten, in denen er ganz mit dem Buch und dem Gelesenen verschmilzt.

Ein Schüler, der die Kampfkunst erlernen wollte, sprach zum ersten Mal bei seinem Meister vor. Er sagte: »Meister, ich möchte bei dir deine Kunst erlernen. Wie lange wird es wohl dauern, bis ich die Meisterschaft darin erlangt habe?« Der Lehrer antwortete in aller Ruhe: »Zehn Jahre!« Da wurde der Schüler ungeduldig und fragte weiter: »Aber ich möchte es schneller lernen. Ich will auch sehr hart an mir arbeiten, jeden Tag üben, zehn oder mehr Stunden am Tag, wenn es nötig ist. Wie lange werde ich dann wohl brauchen?« Der Meister antwortete: »Zwanzig Jahre!«

Bei unserem Tun kommt es also vor allem auf die innere Haltung an. Bin ich zu sehr in meinem Wollen und strebe zu fanatisch danach, eine Sache unbedingt rasch zu lernen, wie hier der Schüler eine bestimmte Kampfkunst, dann stehe ich mir durch mein starkes Denken selbst im Weg. Ich blockiere mich selbst, geht es doch hier vor allem darum, Gelassenheit und Absichtslosigkeit zu praktizieren. Die zentrale Frage lautet, *wie* ich etwas tue. Dies ist entscheidend für den Erfolg einer Handlung. Gelassenheit ist das oberste Ziel.
Und auch wenn noch nicht die Meisterschaft eines Wen Yuke erreicht wurde, gilt das Prinzip, nach dem er seine Malereien in solcher Güte vollbringen konnte, auch für unser Leben.

Entscheidend für die Güte einer Handlung ist vor allem, in welcher Haltung ich sie vollbringe.

Wie gefühlt, so getan. (aus dem Sanskrit)

Diese innere Haltung wird durch mein Gefühl bestimmt, in dem ich sie ausführe. Mein Gefühl bei meinem Tun fließt in die Handlung hinein. Das tut es immer, nicht nur bei einem Menschen, der bereits zur Meisterschaft gelangt ist. Wie ich etwas tue, hängt von meiner Stimmung ab. Habe ich Freude daran? Dann wird meine Handlung oder Arbeit gut werden. Bin ich im Widerwillen oder in der Unlust? Meine Arbeit wird dieses Gefühl ausstrahlen. Denn es gibt keine Trennung zwischen dem, was ich tue, und mir selbst. Hätte Wen Yuke seinen Bambus in Unwillen und Frust gemalt, dann hätten seine Bilder sicher nicht diese Brillanz und Lebendigkeit besessen.

Ein berühmter Zen-Meister lud einen ebenso bekannten Meister und dazu einige seiner Schüler zur Teezeremonie ein. Nachdem alle Gäste Platz genommen hatten, begann er, alles für die Zubereitung des Tees herzurichten. Wegen des berühmten, von ihm hochgeschätzten Besuchs war er sehr nervös. Seine Hände zitterten, und er verschüttete nicht nur etwas Wasser, sondern schlug auch noch mit dem Löffel gegen die Tasse. Als er den Tee einschenkte, tropfte dieser auf das Gewand des anderen Meisters. Die Gäste sahen der Hilflosigkeit des Gastgebers schmunzelnd zu und mussten sich beherrschen, nicht laut loszulachen. Als die Teezeremonie beendet und der Tee getrunken war, bedankte sich der hohe Gast bei seinem Gastgeber und sagte: »Das war der beste Tee, den ich jemals getrunken habe, und die beste Teezeremonie, an der ich teilgenommen habe.« Auf dem Heimweg erkundigten sich die Schüler bei ihrem Meister, ob das Lob nicht etwas übertrieben gewesen sei. Der Meister antwortete: »Aber ganz und gar nicht. Es gab wohl einige kleine Missgeschicke, aber der Meister hat sich aus tiefstem Herzen und aus einem aufrichtigen, reinen Geist heraus bemüht. Das ist das Wichtigste!«

Handlungen und Gefühle sind untrennbar verbunden. Egal, ob ich ein sportliches Training, eine Yogaübung oder eine Arbeit in meinem Beruf betrachte, ich kann jede Tätigkeit oder Übung (übrigens auch diejenigen in diesem Buch, das du gerade liest) mit unterschiedlichsten inneren Haltungen und Einstellungen durchführen. Bin ich nur mit halbem Herzen dabei und denke bei der Übung an meine Steuererklärung, wird sie kaum von Erfolg gesegnet sein. Tue ich die Übung beiläufig, widerwillig, ungern, verzweifelt oder ohne Glauben an den Erfolg, dann wird sie mir auch keinen Nutzen bringen. Im schlimmsten Fall schade ich mir selbst und unterbinde sogar den Erfolg meines Trainings, wenn ich es mit zu großer Verbissenheit und Fanatismus absolviere. Unser Volksmund sagt sehr treffend: »Blinder Eifer schadet nur!« Und Laotse ist schon vor vielen Jahrhunderten zum gleichen Ergebnis gekommen:

Nichts tun ist besser, als mit viel Mühe nichts zu schaffen.

Gelassenheit bedeutet in diesem Zusammenhang, auch hier mehr auf deine Gefühle zu hören. Wenn heute kein guter Tag für diese Handlung ist, dann tu es eben morgen. Heute widme dich deinem Gefühl. Ich selbst nutze solche »schlechten Tage« für meine persönliche »Psychohygiene« und arbeite dann auch gern selbst mit den Übungen in diesem Buch. Was nützt es mir, wenn ich voller Widerwillen an einem Buch sitze und mir nichts einfällt oder wenn ich doch etwas schreibe, das dann aber nur angefüllt mit meinem Widerwillen sein kann? Dann lasse ich es doch lieber bleiben.

*Neben der edlen Kunst, etwas zu erledigen,
gibt es die nicht minder edle, Dinge ungetan zu lassen.
Das Aussortieren des Unwesentlichen ist der Kern aller
Lebensweisheit. (Laotse)*

Ich widme mich lieber meinem Gefühl und vertraue darauf, dass es morgen schon wieder einen guten Augenblick für diese Handlung geben wird. Auch hier bin ich gelassen genug. Mein Gefühl wird mir den rechten Zeitpunkt schon zeigen, wenn es so weit ist. In welchem Gefühl tue ich etwas? Diese Frage allein bedeutet, zuerst mein Gefühl wahrzunehmen und dann, wie ich mich mit einer Sache fühle.

Die innere Haltung

Achte heute bei deinem Tun besonders darauf, in welcher inneren Haltung du etwas tust. Frag dich immer wieder: Wie fühle ich mich gerade bei dieser Tätigkeit? Wenn es dir nicht wirklich Freude macht, diese Arbeit durchzuführen, dann frage dich, was kannst du zur Hebung deiner Stimmung tun? Schreib dir einmal deine »Belohnungen« auf, mit denen du dich verwöhnen könntest, wenn du diese Arbeit geschafft hast. Und sollte heute wirklich so ein Tag sein, an dem alles schiefläuft, dann schenke dir doch einfach diese Stunde oder diesen Tag und widme dich deinen Gefühlen. Genieße die freie Zeit in vollen Zügen!

Meine persönliche Erfahrung mit dieser Technik ist, dass es mir meine Stimmung und mein Körper danken, wenn ich ihnen sozusagen Zeit gebe, einmal »Luft zu holen«. Auch bei mir kommt es gern einmal zur Verbissenheit, und das führt entweder zu keinem guten oder zu einem schlechten Ergebnis. Das kann ich mir dann aussuchen. Also lasse ich lieber manchmal meine Arbeit Arbeit sein und gönne mir etwas Gutes. Dann, oft schon Minuten später, bin ich wieder mit Freude bei der Sache und schaffe viel mehr in der mir verbliebenen Zeit, als hätte ich mich durch diese Arbeit nur hindurchgequält.

*Eine Arbeit, die ich mit Freude tue,
schenkt mir selbst Freude und Anerkennung.*

Aber Vorsicht: Dieser Umgang mit den Gefühlen ist nicht zu verwechseln mit »Aufschieberitis« und der Heiligsprechung des inneren Schweinehundes. Natürlich kann ich immer neue Gründe erfinden, meine Aufgaben morgen und nicht etwa heute zu erledigen. Wer ehrlich ist zu sich und seinen Gefühlen, der erkennt rasch, dass im dauernden Aufschieben keine Freude enthalten ist. Eher entstehen dabei Stress, Panik und Verzweiflung. Denn der Berg der anstehenden Arbeiten wird ja immer größer. So, wie es am besten ist, Arbeiten mit Hingabe und Liebe zur Sache zu tätigen, so ist es gleichzeitig ein Zeichen von Selbstliebe, die Dinge mit Freude zu tun und dann Freude zu bekommen, weil ich meine Aufgabe gut und zeitnah bewältigt habe. Schon in der Bibel heißt es: *An ihren Früchten werdet ihr sie erkennen. (Matthäus 7,20)*
Das ist doch ein sehr schönes Bild. Unsere Aufgaben, die wir erledigen, sind wie die Früchte an einem Baum. Wenn der Baum gesund ist, kraftvoll und lebendig, werden es gute

Früchte sein. Natürlich möchte auch ich als Baum solche schönen Früchte tragen. Leider sind wir uns oft nicht bewusst darüber, in welcher Haltung wir etwas tun. Noch ein Grund mehr, uns mehr mit unseren Gefühlen zu beschäftigen!

> *Die Liebe zu uns selbst zeigt sich auch und gerade in einem gelasseneren Umgang mit uns selbst und unseren Gefühlen.*

Ein Schüler beklagte sich bei seinem Meister: »Ich bin so unzufrieden mit meinen Fortschritten in der Meditation. Ich kann mich nicht konzentrieren, mir schlafen die Beine ein, mein Rücken tut weh, und ich habe große Mühe, wach zu bleiben!« Der Meister erwiderte nur: »Das geht vorüber.« Nach ein paar Wochen berichtete derselbe Schüler seinem Meister voller Freude: »Meister, meine Meditationen sind jetzt wunderbar, ich bin konzentriert und hellwach. Meine Beine und mein Rücken tun nicht mehr weh. Ich bin im Frieden!« Da antwortete der Meister ihm schlicht: »Auch das geht vorüber.«

Solange der Schüler noch bewertet in gut oder schlecht oder falsch und richtig, ist er noch im Denken und noch nicht im gelassenen Gefühl. Wäre er dies bereits, dann würde er dieses Gefühl einfach wahrnehmen und wissen, dass es vorbeigeht. Es gäbe keinen Grund, beim Meister zu klagen oder Stolz zu zeigen. Im Gefühl ist es dann einfach so, wie es ist. Ohne große Bewertung. Wenn ich mich mehr meinen Gefühlen widme, lerne ich dabei automatisch, gelassener mit ihnen umzugehen. Gefühle haben eine fließende Natur, während das Denken gerne dazu neigt, sich festzufressen und sich dabei zu blockieren.

Wenn ich mich mehr mit meinen Gefühlen befasse, finde ich automatisch zu mehr Gelassenheit.

Vor ein paar Jahren kam ein größerer Organisator auf mich zu, der darauf bestand, dass ich in einer bestimmten Gegend ausschließlich mit ihm meine Seminare und Vorträge durchführe. Meine alten und mir ans Herz gewachsenen Veranstalter dort in dieser Region sollte ich ihm zuliebe aufgeben. Mein Gefühl war dabei selbstverständlich nicht gut, da ich gern bei meinen altvertrauten Menschen verbleiben wollte. Ich folgte diesem Gefühl und blieb den alten Veranstaltern treu. Denn mit einem mulmigen Gefühl im Magen macht das Arbeiten einfach nicht so viel Freude.

Erstmals aufmerksam auf dieses Prinzip der Gelassenheit wurde ich, wie sollte es auch anders sein, als ich einmal alles andere als gelassen war. Im Spiegel ihres Gegenteils lassen sich solche Prinzipien häufig viel besser erkennen. Damals, in jungen Jahren, kaufte ich einmal ein Auto, einen kleinen Kombi, der leider dauernd einen kleineren Defekt hatte. Nichts Großes, nie blieb ich mit diesem treuen Gefährten liegen, aber immer wieder gab es Gründe, die Werkstatt aufzusuchen. Eine Warnleuchte blinkte, die Scheibe bekam einen Riss und musste ausgetauscht werden, schließlich wurde der Wagen innen immer feuchter, da eine Türdichtung versagte. Dabei hatte ich den Wagen recht neu als Jahreswagen erworben. Eigentlich hätte er also in einem besseren Zustand sein müssen!

Erst Jahre später fiel bei mir der Groschen. Entscheidend war mein eigener innerer Zustand! Der Wagen war nichts anderes als eine »Frucht an meinem Baum« meiner inneren Haltung. Auch der Wagen beinhaltete mein Gefühl im Augenblick des Ankaufes, so wie der Bambus in Wen Yukes Malerei. Dieses Prinzip gilt immer. Wie gefühlt, so getan.

Mein Gefühl fließt unablässig in jede meiner Handlungen und alles, was ich tue.

Nun, wie war also mein Zustand, meine Gefühlslage, als ich diesen Wagen erwarb? Ich hatte damals den alten Wagen meiner Vaters übernommen und wollte ihn noch lange fahren, da ich gerade knapp bei Kasse war. Kurze Zeit später rutschte ich im Winter mit dem Wagen von der Straße, und obwohl es nur ein kleinerer Schaden zu sein schien, war die Reparatur dann so kostspielig, dass sie sich bei diesem alten Modell nicht mehr lohnte. Da ich beruflich viel fahren musste, lieh ich mir schweren Herzens Geld bei Freunden, um mir den Kombi zu kaufen, der so mangelhaft war. Aber eben nur, weil ich es damals in meinem Gefühl war! Ich fühlte mich arm und mangelhaft, und eigentlich fehlte mir meinem Gefühl nach das Geld für dieses Auto. Ich war schockiert, dass ich einen neuen Wagen kaufen musste, und weit entfernt davon, gelassen mit dieser Situation umzugehen.
Bei meinem Autokauf hätte ich mich mit Fug und Recht freuen und reich fühlen können. Ich besaß ein relativ neues Fahrzeug! Mancher meiner Freunde hat mich sogar vielleicht um diesen schönen Wagen beneidet. Er sah mich in diesem Moment als reich an. Ich selbst hingegen hatte mir das Geld pumpen müssen und fühlte mich darum eher arm. Alles ist eben eine Sache der Sichtweise. Darum geht es auch in der folgenden Geschichte:

Ein reicher Mann nahm seinen Sohn mit aufs Land. Es war ihm wichtig, dem Jungen zu zeigen, wie die Armen lebten. Und so verbrachten die beiden einen Tag und auch die Nacht bei einer sehr armen Familie, die auf einem einfachen, sehr bescheidenen Hof lebte. Dann nahmen sie Abschied von der Familie und mach-

ten sich auf den Heimweg. Unterwegs fragte der Vater den Sohn: »Wie war dieser Ausflug für dich?« Der Sohn antwortete: »Oh, sehr eindrucksvoll!« Da fragte der Vater weiter: »Dann hast du also gesehen, wie arm manche Menschen sind?« – »Ja, Vater, das habe ich gesehen!«, erwiderte der Sohn. »Und was lernst du daraus?«, wollte der Vater noch wissen. Der Sohn antwortete: »Wir haben zu Hause einen kleinen Hund, die Bauern haben drei. Wir haben ein Schwimmbecken im Garten, sie haben einen großen See. Wir haben Lampen, sie haben alle Sterne am Himmel. Unser Grundstück reicht bis zur Straße, sie jedoch besitzen den ganzen Horizont!« Der Vater war fassungslos. Der Sohn jedoch fügte noch hinzu: »Ich bin dankbar, dass du mir gezeigt hast, wie arm wir sind.«

Gefühle sind also immer zutiefst subjektiv. Ob ich mich reich oder arm fühle, kann weitgehend unabhängig von meinem Kontostand oder meinen privaten Goldreserven sein. Ich würde sogar sagen, Reichtum beginnt im Gefühl. Der Sohn dieses Vaters spürt, dass die scheinbar armen Bauern in Wahrheit ein Glück und einen Reichtum in sich tragen, der seinem Vater bisher tief verborgen geblieben war.

Reichtum oder Armut beginnt im Gefühl.

Wenn ich meinen damaligen Autounfall als Herausforderung betrachte, dann könnte ich ihn mit anderen Worten auch eine Übung nennen. Das Leben schenkte mir ein Problem, einen kaputten Wagen, und ließ mich daran üben, wie ich damit umgehen will. Kann ich auch aus dieser Sache einen Nutzen ziehen? Da ich damals weit entfernt von meiner inneren Mitte war, fehlte mir ganz sicher die notwendige Gelassenheit. Ich dachte stattdessen: »O Gott, o Gott, wie finde ich nur eine Lösung für dieses Problem?« Wie hätte eine bessere Einstellung ausgesehen? Was meinst du? Machen wir eine Übung daraus.

Innere Haltung bei Problemen

Welche Formulierung für eine gute und gelassene innere Haltung würdest du mir bei meinem kleinen Unfall damals vorschlagen? Wie gehst du selbst, innerlich betrachtet, mit deinen Problemen um? Schreib es dir einmal auf, damit du bei nächster Gelegenheit ein paar Hilfestellungen zur Hand nehmen kannst, wenn das Leben dir mal wieder eine seiner »Übungen« schenkt.

Nun gehen wir noch einen Schritt weiter. Überleg dir bitte einmal, wie du in der Vergangenheit bisher mit deinen Problemen umgegangen bist. Welche innere Haltung hattest du dabei? Und welches Resultat hatte diese innere Einstellung? Es lohnt sich, einmal rückblickend durch dein Leben zu gehen und herauszufinden, warum etwa ein Bewerbungsgespräch erfolglos verlaufen ist. War deine Haltung vielleicht damals, dass du diese Stelle sowieso nicht bekommen würdest? Scheiterte eines deiner Projekte vielleicht, weil du einfach keine Zeit und Freude hinein investiert hast? Schreib dir gern einmal die wichtigsten Erlebnisse deines Lebens auf einen Zettel und erinnere dich, welches Gefühl du dabei damals hattest.

Gefühlsmäßig in Mitleidenschaft gezogen werden wir selbstverständlich besonders in unseren engsten zwischenmenschlichen Beziehungen. Hier wie nirgendwo anders reicht die Bandbreite von »himmelhoch jauchzend« bis »zu Tode betrübt«. So wie wir lernen können, gelassener mit unseren eigenen Gefühlen umzugehen, so kann es uns auch gelingen, Gelassenheit zu zeigen, wenn es um Gefühle geht, die mit anderen Menschen zusammenhängen. Das Prinzip der Gelassenheit lässt sich selbstverständlich auch auf Probleme dieser Art anwenden. Zwei Menschen, die sich lieben, haben natürlich eine bestimmte innere Haltung gegenüber dem anderen. Welche Gefühle, denkst du, sind dabei förderlich und welche eher hinderlich?

Innere Haltung in der Partnerschaft

Aus deiner Erfahrung heraus: Welche innere Haltung ist anzustreben, wenn es um den Umgang mit deinen Liebsten geht? Wie bist du bisher verfahren, mit deinem Ehepartner, deinen Eltern, deinen Kindern, deinen Freunden und Kollegen? Welchen Erfolg hast du mit deiner inneren Haltung erzielt? Schreib es dir auf!

Gelassener mit anderen Menschen umzugehen beruht auf dem Ansatz: Der andere ist gut, so wie er ist. Wenn ich denke, der andere müsste anders sein, dann strahle ich dieses Gefühl aus, und es fließt in meine Beziehung zu diesem Menschen ständig mit ein. Der andere spürt dies und reagiert seinerseits mit Ablehnung und Widerwillen.

Daraus entstehen dann nur allzu leicht Missverständnisse, Reibereien und Probleme. Wie kann ich dort nun wieder zur Gelassenheit zurückfinden? Mach dir im ersten Schritt zunächst klar, wie entscheidend auch hier deine innere Haltung ist. Sie fließt immer in deine Beziehung zu anderen Menschen mit ein. Wenn dein Freund oder Partner anders werden soll, als er im Moment ist, dann ist ein Gefühl von Hadern oder Druck, etwas zu verändern, alles andere als hilfreich. Der andere Mensch spürt sehr viel mehr von diesen Gefühlen ihm gegenüber, als du glaubst. Hilfreich ist es daher, gelassen zu werden und den anderen so zu akzeptieren, wie er ist.

*Du kannst jemanden nur verändern,
wenn du ihn akzeptierst. (Laotse)*

Dieses Thema ist so wichtig, dass ihm ein eigenes Kapitel gewidmet sein wird. Wir kommen also in Abschnitt fünf bald noch einmal darauf zurück.

DIE BAMBUS-ESSENZ

Nun kommen wir dem Bambus-Effekt und seiner Wirkung immer näher. Jede Tätigkeit, jede Handlung vollbringen wir in einem bestimmten Gefühl. Dieses Gefühl wirkt in Form unserer inneren Haltung in jede Tätigkeit mit hinein. Es besteht somit immer eine Wechselwirkung zwischen meiner Tätigkeit und mir.

Eine Arbeit, die wir in Gelassenheit und Freude tun, wird uns auch mit Freude erfüllen.

Über das Gefühl sind wir mit unserer Handlung immer verbunden und unsere Handlung mit uns. Gefühle besitzen eine eigene, unsichtbare Energie, und was wir in dieser Form aussenden, wirkt immer auch auf uns zurück. In seiner einfachsten Formulierung lautet der Bambus-Effekt darum:

Was wir geben, erhalten wir zurück.

Und dieser Effekt wirkt immer. Egal, ob wir unser Gefühl unserer Tätigkeit, einer Arbeit oder einem anderen Menschen schenken. Wie wir gesehen haben, gibt selbst ein Auto, das wir in Gefühlen von Mangel erwerben, uns durch dauernde Mängel dieses Gefühl zurück. Es ist fast so, als würde auch ein Gegenstand spüren, welche Haltung wir ihm gegenüber einnehmen. Und er spiegelt sie uns zurück.

Alle Gefühle, die wir verschenken, kommen wie ein Bumerang zu uns zurück.

Die beste innere Haltung, die wir beim Arbeiten und Handeln einnehmen können, ist darum erfüllt von Gelassenheit als Ausdruck unserer liebevollen Akzeptanz. Alles ist gut, wie es ist, und gelassen vertraue ich darauf, dass auch meine Tätigkeit gut werden wird. Mein Gefühl wird mich leiten, wenn ich ihm gelassen folge und ihm vertraue.

3. Der Bambus bleibt elastisch

Nimm dein Gefühl achtsam wahr.
Schenke ihm Ruhe und Frieden.

> *Dreißig Speichen führen zur Nabe,*
> *die Leere dazwischen macht das Rad.*
> *Einen Klumpen Lehm formt der Töpfer,*
> *die Leere darin macht das Gefäß.*
> *Fenster und Türen bricht man in Mauern,*
> *die Leere macht die Behausung.*
> *Das Sichtbare bildet die Form des Werkes,*
> *das Nicht-Sichtbare macht seinen Wert aus. (Laotse)*

Eine der erstaunlichsten Eigenschaften des Bambus ist seine ungeheure Elastizität. Immer wieder kommt es vor, dass ein großer Sturm oder auch Massen von Schnee seinen Stamm längere Zeit verbiegen, und doch schnellt er wieder in seine alte Form zurück, sobald die Belastung beendet ist. Egal, wie die Umstände auch sein mögen, er lässt sich nicht verbiegen und bleibt bei seiner ursprünglichen Gestalt. Diese Fähigkeit, den Umständen zu trotzen, steht in augenscheinlichem Kontrast zu seiner leichten Bauweise, denn sein Stamm weist ja große Hohlräume auf. Sie entspricht dem Zen-Ideal von »innerer Lehre« und ist sicherlich einer der wesentlichen Gründe, warum der Bambus in Asien eine so hohe Verehrung findet. In Japan entwickelte sich daraus sogar eine regelrechte »Bambus-Mentalität«, die anstrebt, mit den Herausforderungen des Lebens ähnlich elastisch wie die Bambuspflanze umgehen zu können. In unserer Kultur kennt man ein ähnliches Sprichwort, das dieser Mentalität entspricht: »Der Klügere gibt nach.«

Wie wir eben gesehen haben, fließen unsere Gefühle unablässig in unsere Handlungen ein. Alles, was wir tun, ist angefüllt mit dem Gefühl, in dem wir es ausführen. In Asien ist man sich dieses Prinzips heute noch sehr viel bewusster als in unserer westlichen Zivilisation. Grundlage dieser Philosophie und Religion ist der Taoismus, dessen Wurzeln sich in der chinesischen Geschichte verlieren.
Der Taoismus wird sogar manchmal als »Seele Chinas« beschrieben und ist etwa um 400 vor Christus entstanden. Er zeigte sich erstmals nachweisbar in Form des Tao-Te-King, das von Laotse geschrieben worden sein soll. Laotse bedeutet übersetzt so viel wie Lehrer oder Meister, und er soll um 600 vor Christus gelebt haben. Um den Bambus-Effekt besser verstehen zu können, möchte ich diese fernöstliche Denkweise hier kurz vorstellen, da sie seine Grundlage bildet.
Das Tao, um das sich das Tao-Te-King dreht, kann nur schwer übersetzt werden. Laut der Beschreibung Laotses ist es »unaussprechlich« und »namenlos«. Man kann annäherungsweise Begriffe wie Weg, Pfad, Gott oder Wort dafür verwenden, greift damit aber nicht weit genug. Denn das Tao ist der Ursprung, die Urschöpfung. Es ist zeitlos, ewig und unergründlich.

Das Tao ist zeitlos, unergründlich und allumfassend.

Diese Urschöpfung ist jedoch in allem enthalten und wirkt unsichtbar in alles Sichtbare mit hinein. Dabei offenbart es sich und zeigt sich in Prinzipien, die der Mensch kennen und respektieren sollte. Das Tao dringt in jedem Moment darauf, sich durch seine Schöpfung auszudrücken, und der Mensch ist gut beraten, dieser Ordnung nachzuspüren und zu folgen. Ein Mensch, dem dies gelingt, lebt in einer innerer Harmonie, die eine Einheit bildet mit dem alles umfassenden Tao. Wen Yuke etwa ist dies in den Augenblicken gelungen, als er seine plastischen Bambusmalereien anfertigte.

Im Menschen, der in Einklang mit der Schöpfung lebt, zeigt sich die Harmonie des Tao.

Die Wirkung des Tao auf unsere Welt, die in jedem Moment stattfindet, steht in engem Zusammenhang mit unseren Gefühlen. Schon das Tao-Te-King selbst lässt sich durch seine geheimnisvollen Formulierungen und Andeutungen nicht wirklich verstehen, eher intuitiv erfassen und erahnen. Der Zugang, der sich uns zum Tao eröffnen kann, ist daher sehr viel eher unbewusster, gefühlsmäßiger Natur.
Wenn der Maler Wen Yuke in völliger Versenkung mit seiner Malerei verschmilzt, dann wird er wie beschrieben eins mit dem Bambus, dem Pinsel und dem Moment. Er stellt sich dem Tao zur Verfügung, dieser universellen Kraft, die durch alles wirkt, was existiert, und immer wieder neu entsteht. Sein Denken schläft, und er folgt einzig und allein der inneren intuitiven Stimme, die durch ihn fließt, den Pinsel führt und die ihn selbst, den Bambus wie auch die ganze existierende Welt durchströmt und erschaffen hat.

Wer in seiner Handlung mit dem Tao verschmilzt,
drückt dessen universelle Ordnung aus.

In unserem Gefühl können wir uns vollständig mit dem Tao verbinden. Unser Denken und Verstehen ist an dieser Stelle eher hinderlich und steht uns selbst im Weg. Im Taoismus wird darum gern von der Leere gesprochen, in der schon das Tao unsichtbar wirkt, um sich dann erst im Sichtbaren zu manifestieren und zu zeigen. Wen Yuke verbindet sich daher mit dieser unsichtbaren Kraft, absichtslos, um Zugang zur Absicht des Tao zu erhalten. Er malt, ohne malen zu wollen, das harmonischste, lebendigste Bild, das durchdrungen wird von der Energie der Urschöpfung selbst.

Nur mittels unseres Gefühls sind wir in der Lage,
uns vollständig mit dem Tao zu verbinden.

Gefühle sind deshalb die Ebene, durch die das Tao auf uns wirkt und mit dessen Hilfe wir intuitiv selbst auch diese Urschöpfung ausdrücken können. Wie im oben genannten Zitat von Laotse werden wir dabei leer, so wie ein Krug, und lassen uns vom Tao gänzlich ausfüllen. Ästhetik, Harmonie und Schönheit unserer Handlung zeigen uns dann an, wie gut uns dies gelingt. Wir sind dann im Einklang mit unserem inneren Gleichgewicht. So wie der Bambus elastisch in seine ursprüngliche Form zurückschnellt, wenn er im Frühling von den Schneemassen befreit wird.

Die Natur steht immer im Einklang
mit den kosmischen Gesetzen des Tao
und lebt es uns netterweise vor.

Wenn im letzten Kapitel die Wirkung der Gefühle (und des Tao) auf unsere Handlungen zum Thema wurde, so möchte ich nun hier ganz allgemein darauf eingehen, dass alles von unseren Gefühlen durchdrungen wird, so wie beim Tao geschildert. Das Tao kann durch unsere Gefühle intuitiv erfasst werden und wirkt durch uns über unsere (seine) Gefühle in unsere Handlungen ein. Seine Wirkung ist jedoch ewig und unendlich und setzt sich unaufhörlich fort.

Die Wirkung des Tao findet in jedem Augenblick statt.

Das Tao wirkt immer. Und da diese Wirkung über die Ebene von Gefühlen stattfindet, wirken auch unsere Gefühle unablässig auf unsere Umwelt ein. In unseren tatsächlichen Handlungen, wie auch in den Momenten, in denen wir scheinbar nichts tun und nur »sind«. Und diese Fähigkeit, einzuwirken, wird paradoxerweise umso stärker, je mehr es uns gelingt, uns innerlich leer zu machen, und je mehr wir fähig werden, intuitiven Kontakt zur Ausdruckskraft des Tao zu finden.

Ich fühle, also wirke ich.

In unserem Alltag nennen wir die Wirkung, die wir auf andere haben, üblicherweise Charisma. Diese Ausstrahlung geht aber über unsere Handlungen weit hinaus und ist ein ganz natürlicher Teil unserer Persönlichkeit. Jeder von uns kennt Menschen, die wir zum ersten Mal kennenlernen und die durch ihr Wesen, ihre Augen, ihre Ausstrahlung bereits stark auf uns wirken, ohne auch nur ein Wort gesagt zu haben. Die wohlbekannte »Liebe auf den ersten Blick« ist ein rein intuitives Geschehen. Wir sehen den anderen, spüren ihn und sind augenblicklich in ihn verliebt. Keine Zeit, überhaupt nachzu-

denken. Der geliebte Mensch und ich, wir wirken aufeinander ein. Unsere Seelen erkennen sich. Sie fühlen sich, sehen sich, verschmelzen und entdecken sich ohne Worte.
Besonders groß wird unsere Wirkung, wenn wir still zu sein vermögen. Auch, und vielleicht sogar ganz besonders, weil wir dabei scheinbar passiv sind.

Die größte Offenbarung ist die Stille. (Laotse)

Unsere Gefühle wirken auf den anderen Menschen, fern von unserem Verstand, durch das Gesetz der Resonanz auf unsere Umwelt ein. Hier, im Sinne des Tao, würde ich es treffender als Gesetz der Wirkung oder Wirkungsprinzip bezeichnen. Der Hebel, mit dessen Hilfe wir diese Wirkung ausüben, ist unser Gefühl. Mit unserem Gefühlskörper sind wir mit allem verbunden, was ist.
Eckhart Tolle hat sich besonders intensiv mit der Wirkung der Stille beschäftigt und meint ebenfalls, dass wir hier, jenseits des Denkens, aus unserer wahren Intelligenz schöpfen können, die Ursprung für Kreativität und die Lösung von Problemen zu sein vermag.

Einmal wurde Ryokan von einem Verwandten gebeten, mit dessen missratenem Sohn zu sprechen. Ryokan kam zu Besuch, sprach aber kein tadelndes oder mahnendes Wort mit dem Jungen. Er übernachtete bei der Familie, und am nächsten Tag wollte er wieder aufbrechen. Als ihm der missratene Junge beim Binden seiner Strohschuhe half, fühlte er einen warmen Tropfen auf seiner Schulter. Und als er hochblickte, sah er Ryokan mit Tränen in den Augen auf ihn schauen. Schweigend ging Ryokan seiner Wege, doch bald darauf besserte sich der Junge.

Laotse war der Meinung: Wenn du den anderen akzeptierst, gibst du ihm die Möglichkeit, sich zu verändern. Hier bekommen wir langsam eine Ahnung davon, wie Gefühle von Akzeptanz auf den anderen Menschen wirken können. Statt zu überzeugen, besser zu wissen oder den anderen zu bevormunden, gelingt es der Stille und dem Schweigen manchmal, viel mehr zu erreichen. Auch wenn wir diese Wirkung dann häufig nicht mit dem Verstand nachvollziehen können. Wo anders als in China hat der Volksmund dies schon lange erkannt:

*Wenn die Menschen nur von dem sprächen,
was sie verstehen, würde bald ein großes Schweigen
auf der Erde herrschen.*

Meditative Stille in der Meditation zu suchen ist darum Ziel des Taoismus ebenso wie des nahe verwandten Zen-Buddhismus. Hier suche ich den intuitiven Zugang zum Tao und öffne mich für diese Urschöpfung. Nebenbei finden dabei meine Gedanken zur Ruhe, und mein Gefühlskörper folgt dem nach. Je mehr ich innerlich friedlich und harmonisch werde, bin ich im Gleichklang mit dem Tao und werde eins mit ihm.

*Ziel der Meditation im Sinne des Taoismus
ist das Erreichen meiner inneren Harmonie.*

Die Stille in mir

Am besten ist an dieser Stelle sicherlich, in einer Meditation selbst die Erfahrung der Stille zu machen. Wähle also eine Zeit, am besten am frühen Morgen oder am späteren Abend, zu der du durch keine Alltagsgeräusche gestört wirst. Setz dich auf einen Stuhl oder ein Meditationskissen und achte einfach nur auf deinen Atem. Beim Einatmen sage dir jedes Mal einfach nur: *Ich atme ein.* Und beim Ausatmen: *Ich atme aus.* Durch die Konzentration auf den Atem wird dein Denken beschäftigt und wird darum weniger ruhelos hin und her schweifen. Dein Geist fokussiert sich auf diese Aufgabe und wird dabei harmonisiert. Nach etwa fünf Minuten dieser Übung atme beim nächsten Ausatmen besonders tief aus und mach dich leer. Halte die Luft nun für zwanzig bis dreißig Sekunden an, so wie es für dich angenehm ist, und atme dann wie in der Übung beschrieben weiter ein und aus. In dieser Zeitspanne von zwanzig Sekunden ist alles in dir still, und auch kein Geräusch deines Atems stört. Wie fühlt sich das an? Spürst du etwas? Lass die Stille in dir wirken, vielleicht bekommst du eine Eingebung oder eine Idee, die dir etwa bei der Lösung eines Problems weiterhelfen kann.

Da meine Gefühle ständig in Kontakt mit meiner Umwelt stehen, hat diese Wechselwirkung eine gute und eine weniger gute Seite. Sind meine Gefühle aufgewühlt und unausgeglichen, wirke ich wenig stabilisierend auf meine Umgebung ein und verbreite Unruhe. Ebenso wirken unruhige und gestresste Menschen destabilisierend auf mich. Glücklicherweise breite ich aber auch meine erreichte innere Harmonie und meinen Frieden um mich herum aus, so wie ein Guru seine Anhängerschaft um sich versammelt. Zeigt mir meine Umwelt darum Unruhe und Stress, ist es an mir, innerlich den Ort meiner Mitte zu finden, um harmonisierend zu wirken.

In der Stille gleichen sich meine Gefühle aus und finden zum inneren Frieden.

Übrigens bin ich mir sicher, der Stress und die Symptome von Burn-out, die in unserer Gesellschaft gerade sehr verbreitet sind, resultieren daraus, dass wir unsere innere Mitte weitgehend verloren haben. Wir funktionieren nur noch wie Automaten, wollen nur noch unsere Leistung erbringen und hasten von Termin zu Termin. Dies ist nur möglich, wenn wir uns nicht mehr spüren. Würden wir uns von unseren Gefühlen leiten lassen, würde uns bewusst, was uns fehlt, und wir würden auf die Bremse treten. Weniger ist ja bekanntlich mehr.

Dein Hamsterrad

Oft fühlen wir uns nicht mehr, einfach darum, weil wir zu beschäftigt sind. Dabei wäre das Fühlen doch das Wichtigste, was wir tun sollten! Stattdessen »müssen« wir fortwährend etwas: einkaufen, Arbeiten erledigen, das Haus putzen, kochen, zu wichtigen Terminen hasten, die Kinder von der Schule abholen. Die Liste unserer Verpflichtungen ist unendlich lang. Und das jeden Tag, jede Woche, jedes Jahr.

Um dich wieder mehr zu spüren, brauchst du Zeit. Am besten beginnst du damit sofort und hier. Bevor du weiterliest, überleg dir, wie du von heute an jeden Tag Momente in dein Leben einbauen könntest, an denen du einfach Zeit bekommst, dich zu spüren. Mach ein Projekt daraus, zuerst einmal für den morgigen Tag. Vielleicht stehst du früher auf und schenkst dir Zeit zum Fühlen. Oder du setzt dich in der Mittagspause allein im Park auf eine Bank. Es gibt viele Möglichkeiten. Gern kannst du auch deine Partnerin oder deinen Partner dabei einbauen und sie oder ihn morgen einmal fragen, wie es ihr oder ihm geht. Wollt ihr beide nicht auch einmal freie Zeit miteinander verbringen, in der ihr euch spürt? In der ihr euch sagt, wie gern ihr euch habt und wie es euch geht? Lass dafür ruhig mal die Aufgaben liegen und schenke dir Zeit. Es muss dann auch nicht aufwendig gekocht werden, sondern die Tiefkühlpizza reicht auch, ausnahmsweise. Stell den Spaß in den Mittelpunkt und folge deiner Freude. Worauf hättest du gerade am meisten Lust?

Das universelle Prinzip, das uns die Natur im zurückschnellenden Bambus vermitteln möchte, ist das Gesetz des Ausgleichs. Alles, was geschieht, strebt danach, wieder zurück in Harmonie zu finden. Dort, wo zu viel ist, fließt die Energie ab, und sie begibt sich dorthin, wo zu wenig vorhanden ist. Darum steht auch in der Bibel, dass auf sieben fette sieben dürre Jahren folgen werden.

Sein und Nichtsein erzeugen einander, schwer und leicht vollenden einander, lang und kurz gestalten einander, vorher und nachher folgen einander. (Laotse)

Und dies gilt auf allen Ebenen, der körperlichen, der geistigen und auch der seelischen. Alles ist von diesem kosmischen Prinzip erfüllt. Körperlich gilt darum: Dort, wo ich mich überanstrenge, brauche ich danach Zeit, um mich auszuruhen. Wenn ich überarbeitet bin, brauche ich eine genauso lange Phase der Entspannung. Habe ich viel gerechnet und mich geistig angestrengt, braucht mein Kopf eine Pause, sei es ein Spaziergang oder eine Massage. Und natürlich gilt dies auch für unsere Gefühle, die sich unablässig verändern in ihrem andauernden Spüren und Wahrnehmen. Wir kommen darauf im nächsten Kapitel ausführlich zu sprechen.

Das universelle Gesetz des Ausgleichs gilt auf allen Ebenen: Körper, Geist und Seele.

Viele meiner Freunde wissen das alles ganz genau, und sie handeln entsprechend. Sie vertrauen ihrem Gefühl mehr als dem äußeren Leistungsdruck. Sie stellen ihre Bedürfnisse über den Zwang, viel Geld verdienen zu müssen. Wichtiger ist ihnen ihre freie Zeit, um Raum für sich selbst zu finden und sich, ihrem Gefühl folgend, dabei selbst verwirklichen zu können. Hier ein paar Beispiele:

Rita ist vorzeitig in Rente gegangen, um mehr Zeit zu haben. Sicher verliert sie dabei einige Euros, aber lieber hat sie Gelegenheit, an ihrem geliebten Bodensee zu wandern und Reisen zu unternehmen, als noch weiterhin ihrer Arbeit nachzugehen. Wenn sie Geld braucht, vermietet sie ein Zimmer an nette Studenten. Von sich selbst sagt sie, dass sie sehr reich ist. Vor allem an Zeit. Und es fehlt ihr wirklich an nichts. In ihrem Gefühl erlebe ich sie als weitaus reicher und freier als so manchen vordergründig erfolgreichen Geschäftsmann.
Stefar ist Krankenpfleger und hat seit Jahren nur eine halbe Stelle. Er verdient nicht so viel, hat aber mehr Zeit für seine Hobbys. Das ist ihm wichtiger, als vierzig

Stunden zu arbeiten. Er plädiert für das Gehen als Meditation: Durch die Bewegung findet man zu neuen Gedanken und Ideen. Es löst auch den Mund, denn wenn man viele Stunden nebeneinander hergeht, hat man Zeit zum Schweigen. Überhaupt macht das Wandern in der Natur etwas mit unserem Geist. Wir werden ruhiger, gelassener, friedlicher, stiller, wenn wir allein in der Natur spazieren gehen. Offenbar wirkt das Tao einfach schon, wenn wir einfach einmal allein mit ihm sind.
Beide, Rita und Stefan, sind aus dem Schnellzug ihrer vielen Verpflichtungen ausgestiegen. Ich erkenne das ganz einfach: Wenn ich sie anrufe und ich mich mit ihnen treffen möchte, dann haben sie Zeit. Genau wie ich. Zwar habe ich sicherlich über das Jahr feste Seminar- und Vortragstermine, aber ich schaue sehr darauf, in der Woche Zeit für meine Kinder, meine neue Partnerin und mich zu haben.

Dazu fällt mir ein Ausspruch von Ranga Yogeshwar, dem Wissenschaftsredakteur des WDR ein. Er sagte einmal in einer Talkshow, wenn er zwei Wochen im Urlaub sei, erschlage ihn jedes Mal am ersten Arbeitstag danach die Unmenge von E-Mails. Früher habe er dann möglichst schnell alle beantwortet, und nach diesem Kraftakt von meist einigen Tagen war der Erholungseffekt seines Urlaubs sofort wieder verflogen. Ranga ist darum dazu übergegangen, nach seinem Urlaub einfach alle Mails zu löschen. Das wirklich Wichtige würde sicherlich noch einmal zu ihm kommen, sei es in Gesprächen mit Kollegen oder in einer Erinnerungsmail. Das ist doch einmal ein fruchtbarer Vorschlag, den Erholungseffekt nach dem Urlaub noch länger andauern zu lassen! Ich hoffe, liebe Leser, ihr folgt gern seinem Beispiel!

Das kommende Jahr

Bei der Planung für das kommende Jahr kannst du schon heute damit beginnen, dir mehr freie Zeit zu gönnen. Kauf dir einen Kalender oder druck ihn dir einfach aus (die gibt es kostenlos im Internet). Dann verfahre folgendermaßen:

* Überlege dir, wann du Urlaub nehmen möchtest, und trag schon einmal die Wunschwochen mit Bleistift ein.

* Reserviere jeden Monat ein oder zwei Wochenenden nur für dich (und deinen Partner/deine Partnerin oder deine Familie), an denen du keine andere Verpflichtung annimmst.

* Jede Woche bekommt einen festen Tag oder Abend, an dem du etwas tust, was dich entspannt und dir Freude macht. Wähle etwa den Donnerstag als freien Tag für dich, gerne auch gleich von heute an! Warum erst bis nächstes Jahr warten?

* Schließlich erlaube dir auch an jedem Tag, auszuspannen und mindestens eine halbe Stunde für dich zu sein. Das kann ein Spaziergang in der Mittagspause sein, eine Entspannungsübung am Abend oder eine Runde Malefiz mit deinen Kindern. Nichts eignet sich besser, um runterzukommen, als ein Spiel!

Und wenn du magst, probier doch einmal aus, wie gut dir eine tägliche Meditation von einer Viertelstunde tun würde. Ich beginne meinen Tag immer auf diese Weise, und das schon seit vielen Jahren. Gib dem Tao die Möglichkeit, in dir wirken zu dürfen!

Deine Morgenmeditation

Beginne am besten jeden Morgen mit dieser kurzen Meditation. Hilfreich ist dabei, deinen Wecker eine Viertelstunde vorzustellen, denn so lange sollte diese Übung etwa dauern. Setz dich also wieder auf einen Stuhl oder dein Meditationskissen und atme ein paarmal ruhig ein und wieder aus. Nun richte deine Aufmerksamkeit auf dein Herz und lege beide Hände auf deine Brust. Atme ruhig weiter und stell dir vor, wie in deinem Herzen ein Licht entzündet wird, das langsam größer wird. Welche Form und welche Farbe hat dieses Licht? Lass dieses Licht langsam größer werden, bis es deinen ganzen Brustkorb ausfüllt. Wie fühlt es sich an, angefüllt von diesem Licht zu sein?

Mittlerweile hat es sogar wissenschaftliche Anerkennung gefunden, welch große Vorteile eine Meditation oder der Kontakt zur inneren Stille haben kann. Untersuchungen haben aufgedeckt, dass Lärm vielfältige negative Auswirkungen auf unseren Körper hat: Etwa steigt der Blutdruck dabei an, was zu einer größeren Belastung unseres Herzens führt. Langfristiger Lärm führt zu Stresssymptomen, was zum Beispiel im Zusammenhang mit vermehrt auftretenden Schlafproblemen steht. Obwohl die Forscher eigentlich die Wirkung von Lärm untersuchten, haben sie ganz nebenbei festgestellt, wie sein Gegenteil, die Stille, auf uns wirkt. Und sie wurden sehr positiv überrascht. Bei Mäusen, die längeren Phasen der Stille ausgesetzt waren, wuchsen neue Gehirnzellen. Und das besonders in Regionen, die dem Gedächtnis zugeordnet werden. Diese Mäuse werden außerdem wachsamer und aufmerksamer. Es wird gefolgert, dass auch beim Menschen das Gehirn weiterarbeitet, wenn es mit äußerer Stille konfrontiert wird. Es nutzt die Abwesenheit von Lärm, um sich zu ordnen und die vorliegenden Informationen im Gedächtnis neu zu vernetzen.

In seinen stillen Momenten bekommt unser Gehirn die Möglichkeit, zu wachsen und sich neu zu vernetzen.

Wenn wir still sind, ordnet sich unser Gehirn neu! Und es liegt nahe, zu vermuten, dass diese Wirkung auf das Tao und sein Gesetz des Ausgleichs zurückzuführen ist! Unser Gehirn arbeitet immer, auch im Ruhemodus, und erst die Stille schenkt ihm die notwendige Zeit, einmal wirklich zur Besinnung zu kommen. Meditation, stilles Sitzen auf einer Bank oder Spaziergänge in der Natur können also Wunder wirken. Das sagt selbst unsere moderne Wissenschaft!

*Wenn man trübes Wasser in Ruhe lässt,
wird es wieder klar. (Laotse)*

Das hier besprochene Gesetz des Ausgleichs hat mich in letzter Zeit sehr beschäftigt, und ich habe ein wenig damit experimentiert. In meinem »Versuchslabor Leben« ist dabei die hier vorgestellte neue Technik des »Bambus-Effekts« entstanden, die sich an der Elastizität des Bambus orientiert. Gehe ich mit den Schwierigkeiten in meinem Leben ähnlich geschickt ausgleichend und harmonisierend um, verschwinden Probleme mit anderen wie von selbst. Ich wünsche mir sehr, dass mit Hilfe des Bambus-Effekts in Zukunft noch viele Menschen ihre Beziehungen ausgleichen und harmonisieren. Die folgende Geschichte soll uns darauf einstimmen.

Als der Zen-Meister Shichiri Kojun eines Abends die Sutren rezitierte, drang ein Räuber mit einem Schwert in sein Haus ein und forderte: »Geld oder Leben.« Furchtlos erwiderte Shirichi: »Stör mich jetzt nicht. Nimm das Geld, es liegt in der Schublade.« Und er setzte seine Rezitation fort. Der Einbrecher erschrak über diese Reaktion, aber er setzte seine Arbeit fort. Als er gerade das Geld nahm, unterbrach der Meister seine Rezitation und sagte: »Nimm nicht das ganze Geld, lass mir etwas, um morgen meine Steuern zu zahlen.« Der Mann legte also etwas Geld zurück und wollte gehen. Da rief ihn der Meister noch einmal: »Du nimmst mein Geld und bedankst dich nicht? Das ist aber sehr unhöflich.« Diesmal war der Einbrecher wirklich erschüttert. Er dankte dem Meister und lief davon. Später erzählte der Räuber seinen Freunden, noch nie im Leben hätte er solche Angst gehabt. Ein paar Tage später wurde er gefasst und des Einbruchs in Shichiris Haus beschuldigt. Als der Meister als Zeuge vernommen wurde, sagte er: »Aber nein, dieser Mann hat mir nichts gestohlen. Ich gab ihm das Geld, und er bedankte sich sogar dafür.« Der Räuber war so gerührt, dass er die Tat bereute. Nach seiner Entlassung aus dem Gefängnis wurde er ein Schüler des Meisters, und viele Jahre später erlangte er die Erleuchtung.

Shirichi übt hier eine Praxis, die grundsätzlich auf Akzeptanz beruht. Der Dieb will mich bestehlen? Na gut, ich kämpfe nicht dagegen, sondern mehr noch, ich gebe ihm sogar freiwillig, was er möchte. Erinnert sei hier noch einmal an den Ausspruch Laotses, dass du den anderen nur dann verändern kannst, wenn du ihn akzeptierst. Hier, in dieser Geschichte, sehen wir den Erfolg dieser These. Der Dieb zeigte sich schließlich geläutert und wurde sogar Schüler Shirichis. Der Zen-Meister zeigte sich im Moment der Herausforderung so elastisch wie ein Bambus. Er verneigte sich sinnbildlich ebenso vor dem Dieb wie der Bambus vor den Massen von Schnee, die im Winter auf ihm lasten. Er gab dem Dieb freiwillig, was dieser wollte, da er sich des Bambus-Effekts bewusst war.

Das, was wir dem anderen freiwillig schenken, erhalten wir stets zurück.

Dies ist energetisch gemeint und findet meist auf einer anderen Ebene statt. Bei Shirichi wurde der Dieb zu seinem Schüler, statt des Geldes fand also gleich der ganze Schüler zu ihm zurück. Wie dieser Ausgleich stattfindet, liegt, wie das Tao, außerhalb unseres Verstandes. Wir können aber unsere Geschenke auslegen und dann vertrauensvoll darauf warten, wie der Ausgleich uns freudig überrascht.

Wie ein energetischer Ausgleich stattfindet, liegt nicht in unserem Ermessen.

Ein chinesischer Ch'an-Mönch erzählt: Im Jahr 1571 war ich sechsundzwanzig Jahre alt. In diesem Winter gab es heftige Schneefälle, und als ich in Yang Chow ankam, war ich krank. Da es nicht so bald besser wurde, musste ich auf der Straße um Nahrung betteln. Aber niemand gab mir etwas zu essen. Ich dachte darüber nach und fragte mich: Warum will mir niemand etwas geben? Da fiel mir ein, dass ich noch Silbergeld in der Tasche hatte. Ich rief alle buddhistischen und taoistischen Mönche zusammen, die im Schnee keine Nahrung hatten auftreiben können, und gab mein ganzes Geld für ein gemeinsames Essen in einem Gasthaus aus. Als ich am nächsten Morgen zum Markt ging, hatte ich keine Schwierigkeiten, mir Nahrung zu erbetteln. Ich freute mich so sehr darüber, dass ich rief: »Jetzt bin ich stark genug, um eine Last von hundert Tonnen zu heben!«

Der Bambus-Effekt beruht darauf, zwischen mir und anderen Menschen einen Ausgleich zu schaffen. Dabei spielt es keine Rolle, ob jemand anders etwas von mir möchte, so wie beim Dieb in Shirichis Geschichte das Geld. Oder ob ich, so wie der chinesische Ch'an-Mönch, selbst etwas von anderen bekommen will, wie hier die Almosen und die Nahrung. Der Bambus-Effekt funktioniert in beiderlei Richtungen. Immer bleibt es aber meine Aufgabe, dabei elastisch zu bleiben.

Ausgleich kann ich nun aber auf vielerlei Weise schaffen. Es muss nicht immer um Geld gehen. Habe ich ein Problem mit einem anderen Menschen, dann kann ich hineinfühlen, um was es eigentlich gerade geht. Braucht der andere Aufmerksamkeit, Zeit, Entgegenkommen oder Anerkennung? Ganz allgemein möchte ich den Bambus-Effekt darum so umschreiben, damit er auf alle Probleme in meinem Leben anwendbar ist:

*Säe selbst aus, was du selbst gern möchtest,
damit du es später ernten kannst!*

Unser Gefühl hilft uns dabei, in jedem Moment zu entdecken, welches Saatkorn wir pflanzen können. Im Ausgleich wird uns dann eine reiche Ernte zuteil. Das, von dem du spürst, dass es im Moment gerade fehlt, ist genau das, was du selbst zur Verfügung hast. Warte darum nicht, dass der andere es dir gibt, verschenk es einfach selbst. Wenn dein Gefühl dir sagt, hier ist etwas zu wenig, sei dir sicher, du hast es zur Verfügung, in deinem Gefühl!
Damit der Bambus-Effekt sich für dich mit Erfahrung und Leben füllen kann, hier nun drei Beispiele, die sich bei mir in den letzten Monaten zugetragen haben.

Beispiel 1: Corinna und ihr Mann

Corinna hat sich von ihrem Mann scheiden lassen und bittet ihn um seine Zustimmung, eine gemeinsame Kur mit ihrer Tochter machen zu können. Der Mann stellt sich aber quer, und die beiden streiten darum. Sie bittet mich in einem Coaching um meine Hilfe. Es stellt sich heraus, dass der Mann verletzt sein muss, da ja Corinna sich getrennt hat und dies gegen seinen Willen geschah. Da er selbst verletzt wurde, sucht er nun nach Gelegenheiten, Corinna dies heimzuzahlen, und jede Bitte von ihrer Seite nutzt er dazu.
Meine erste Frage an Corinna lautete darum: »Wo kannst du deinem Mann etwas geben?« Ihr fiel eine ganze Menge ein: Sie könnte ihm anbieten, dass ihre Tochter ihn auch einige Wochenenden öfter besuchen kommt. Sie könnte die Tochter jedes Mal zu ihm bringen, damit er

die Strecke nicht selbst fahren muss. Im Gegenzug zu der zweiwöchigen Kur könnte er auch einmal einige Tage mit der Tochter allein wegfahren. Möglichkeiten fanden sich schnell. Und es ging beiden ja auch von Herzen um das Wohl ihrer halbwüchsigen, dreizehnjährigen Tochter.

Ein Anstoß für ihr Entgegenkommen war auch, dass sie endlich verstand, wie verletzt ihr Mann über die Scheidung sein musste. Sicherlich hatte Corinna gute Gründe für die Trennung, und ganz bestimmt hatte der Mann so einiges falsch gemacht während der Ehe. Nun aber ging es vor allem um Akzeptanz zwischen beiden, um die gemeinsame Sorge für die Tochter auf harmonische Weise gestalten zu können.

Corinna traf sich also mit ihrem Exmann zum ersten Mal seit ihrer Trennung wieder, um über die Kur zu sprechen, und zeigte dabei vor allem Entgegenkommen. Sie erzählte mir danach, dass damit ein Damm gebrochen war. Beide konnten sich wieder in die Augen schauen. Nicht nur, dass der Mann gern der Kur zustimmte, nein, die beiden sprachen sich auch über die gemeinsame Zeit aus und fanden an diesem Abend wieder zueinander. Die ganze Aktion war ein voller Erfolg, und Corinna wusste am Ende nicht, ob dieser Mann wirklich nur ihr Exmann war oder ob sie sich womöglich wieder neu in ihn verliebte. Sie sind jedenfalls seitdem auf dem Weg, ihre Ehe zu heilen. Der Bambus-Effekt und das Vorgehen, Angebote und Entgegenkommen zu zeigen, trägt manchmal wundersame Früchte. Gelegentlich bekommt man dabei mehr zurück, als man sich selbst in den kühnsten Träumen vorstellen könnte. Corinna säte aus und konnte schon bald danach die Ernte einholen.

Der Schlüssel, um den Bambus-Effekt besser verstehen zu können, liegt im Gefühl. Corinna hat für diesen schönen Erfolg zuerst in ihrem Gefühl ihrem Mann gegenüber sehr grundlegend etwas verändert. Bisher war sie zu ihm sehr abweisend. Dieses Gefühl von Ablehnung spiegelte ihr dann auch ihr Mann. Er erlaubte die Kur mit der Tochter zunächst nicht. Es gab einen Kampf. Sie säte und erntete Ablehnung.
Der Bambus-Effekt läuft demnach in drei grundsätzlichen Phasen ab:

Phase 1: Ich erkenne meine Ablehnung, die ich in mir hege und pflege.

Erklärbar ist dies, da Corinna und ihr Mann in ihrem Gefühlskörper durch ihre langjährige Ehe sehr eng miteinander verbunden sind. Diese Verbindung besteht im Grunde zwischen allen Menschen, ist aber dort besonders stark, wo man sich gut kennt und darum besonders gut »fühlt«. Durch das ständige Miteinander im Alltag sind die Gefühlsrezeptoren aufeinander gut eingestimmt, und man versteht sich auch ohne Worte. Manchmal erleben wir bei fremden Menschen, dass sie aussprechen, was wir selbst gerade denken. Bei Frischverliebten kommt das ja auch sehr oft vor. Dies resultiert einfach daraus, dass hier zwei Menschen zusammenfinden, die in ähnlicher Weise fühlen, was selbstverständlich dann auch zu einer großen Sympathie zueinander führt. Solche Menschen verlieben sich leicht ineinander. Denn »du fühlst ja genau wie ich«. Mütter kennen dies gut, denn sie fühlen gerade in deren ersten Lebensjahren sehr eng mit ihren kleinen Babys und Kindern.

Im zweiten Schritt der Annäherung hat Corinna es dann geschafft, mit ihrem Mann zu fühlen, und seine Verletzung gesehen. Sie konnte darum seine ablehnende Haltung zu der Kur verstehen und akzeptieren. In ihrem Gefühl schwenkte sie also von Ablehnung hinüber zu Akzeptanz und öffnete sich ihrem Mann wieder. Darum konnte auch er sich öffnen. Sie säte nun Akzeptanz und konnte sie darum ernten.

Phase 2: Akzeptanz ist der Schlüssel, der mir die Tür für eine gute Lösung öffnet.

Schließlich ging sie im Gefühl sogar noch einen wesentlichen Schritt weiter auf ihren Mann zu. Denn sie wollte ja etwas von ihm und wechselte deshalb von einer eher passiven Akzeptanz zu einem aktiven Entgegenkommen. Durch ihre Frage »Was kann ich für dich tun?« öffnete sie ihren Gefühlskörper und strahlte damit Sympathie aus. Nach dem Motto »Eine Hand wäscht die andere« spiegelte ihr Mann dann diese Sympathie, die er selbstverständlich spürte, wieder zurück. Corinna säte Entgegenkommen und konnte es darum ernten. Und das viel mehr, als sie erwartet hatte.

Phase 3: Ich gebe zuerst dem anderen, was ich selbst am meisten brauche und möchte.

Dies soll nun natürlich nicht bedeuten, dass sofort immer augenblicklich eine Liebesbeziehung entsteht, wenn zwischen Mann und Frau Entgegenkommen gezeigt wird. Oft sind Beziehungen ja beruflich, freundschaftlich, nachbarschaftlich oder familiär. Jede Art von Beziehung gedeiht jedoch besser, wenn man den Bambus-Effekt auf sie anwendet.

Besonders in Liebesbeziehungen hat er aber besonders guten Erfolg. Hier ist es sehr sinnvoll, gerade in kleinen Streitereien und Krisengesprächen sehr darauf zu achten, dass man dem anderen gut zuhört. Denn was säe ich damit: Dort, wo ich gut zuhöre, wird es auch der andere tun. Ich sollte außerdem Entgegenkommen üben und Kompromissbereitschaft zeigen. Um es ganz einfach und allgemein zu sagen: Das, was ich gern bekommen möchte, sollte ich, vom Gefühl her, immer auch dem anderen zeigen. Dann zeigt er es mir auch.

Der Dalai Lama meint dazu: »Ich und du, wir sind eins. Ich kann dir nicht wehtun, ohne mich selbst zu verletzen.« Auch wenn wir uns rein körperlich als verschieden und getrennt von uns nahestehenden Menschen erleben, sind wir im Gefühl doch immer verbunden. Wir spüren, was der andere spürt, und das in jedem Moment. Es kann mir selbst darum niemals guttun, wenn ich jemanden kritisiere, abwerte oder angreife. Denn das Gefühl, das ich damit jemandem schenke, kommt unweigerlich auch zu mir zurück. Um selbst glücklich sein zu können, sollte ich darum viele Menschen in meiner Umgebung glücklich machen. Das Gute, das ich verschenke, kommt zu mir zurück. In der Bibel kennen wir dieses Prinzip als: »Liebe deinen Nächsten wie dich selbst.« Die Liebe kommt immer auch zu dir zurück.

Beispiel 2: Barbara und ihr Mann

Nachdem ich dieses Prinzip entdeckt hatte, experimentierte ich natürlich gleich weiter damit. In einem anderen Fall sprach ich mit Barbara, deren Mann eine eigene Wohnung genommen hatte. Die beiden haben vier gemeinsame Kinder und sind seit mehr als zwanzig Jahren ein Paar. Sie verstehen sich gut, und der Mann möchte auch weiterhin mit Barbara zusammenbleiben, nur möchte er nun mehr Freiraum für sich. Er lebt zwar tagsüber bei ihr, geht aber zum Übernachten seit einigen Monaten in seine eigene Wohnung. Das missfällt Barbara natürlich sehr. Sie möchte kuscheln und mehr Zweisamkeit. Im Gespräch fragte ich bald: »Was könntest du denn deinem Mann geben? Wo könntest du ihm entgegenkommen und aussäen, was du dir wünschst?« Da es sich um den Bereich Kuscheln und Zweisamkeit handelte, hatte ich aus meinem Denken heraus keine Lösung entdeckt und erwartete bei dieser Frage rein gar nichts. Und ich fiel fast vom Stuhl, als Barbara zugeben musste, ihr Mann lade sie sehr häufig zu sich in seine Wohnung zum Übernachten ein. Nur hatte sie dieses Angebot bisher niemals angenommen! Sie war verletzt durch seinen Umzug in eine eigene Wohnung und reagierte darum trotzig. Nach dem Motto, das ja im Grunde unserem Bambus-Effekt entspricht: Was der mir nicht gibt, gebe ich ihm erst recht nicht! Barbara dachte, wenn der mich verlässt, dann soll er gefälligst zu mir zurückkommen. Dem gebe ich nichts! Ähnlich wie im eben geschilderten Fall von Corinna sprachen wir dann über die Beziehung, und Barbara erkannte, dass ihr Mann in den vielen Ehejahren sehr viel gegeben hatte. Immer war er für die Kinder da, und Barbara war viele Jahre sehr glücklich mit ihm. Sie konnte auch zahlreiche Fortbildungen und Seminare besuchen, die ihrem persönlichen Wachstum dienten. Nun war es an ihm, auch einmal mehr auf sich zu schauen. Die eigene Wohnung war für ihn sehr wichtig, um einen Rückzugsort zu haben und ganz für sich sein zu können. Nach den vielen Jahren, die er für die Familie da gewesen war, brauchte er nun, mit Anfang fünfzig, auch einmal Zeit für sich. Barbara konnte allmählich verstehen, was seine Beweggründe waren, und schaffte bald auch die Phase 2: Sie fand immer mehr hin zur Akzeptanz. Die Aktion ihres Mannes war primär für ihn wichtig und weniger gegen sie gerichtet.

Zum Zeitpunkt unseres Gespräches musste sich Barbara aber eingestehen, dass sie für den dritten Schritt innerlich noch nicht bereit war. Sie sah zwar die Sinnhaftigkeit, konnte aber nicht gleich auf ihren Mann zugehen und bei ihm übernachten. Manchmal sind die Schützengräben an der Front der Beziehung eben schon sehr tief, und es braucht dann eine gewisse Überwindung, sie zu überqueren. Barbara gab sogar zu, dass sie trotzig sei. Und wer es einmal mit einem trotzigen Kind zu tun hatte, der weiß, wie schwer es ist, diese Haltung loszulassen.

Darum empfahl ich Barbara hier einen Zwischenschritt. Sie sollte zuerst einmal mit ihrem Mann sprechen, ihm ihr Verständnis für seine Entscheidung mitteilen und sich selbst noch etwas mehr Zeit lassen. Die Lösung für ihr Thema war zwar naheliegend und scheinbar einfach, sie musste aber dazu über ihren eigenen Schatten springen. Immerhin hatte sie das Prinzip gut verstanden und verinnerlicht. Die Saat war ausgebracht, und ich bin sicher, Barbara kann dann auch bald die Früchte ernten.

In Situationen, in denen ich mich mit einem anderen Menschen streite oder unwohl fühle, kann die folgende einfache Körperübung dabei helfen, die Energie in mir wieder auszugleichen.

Energie ausgleichen

Wenn meine Spannung mit einem anderen Menschen vor allem damit zu tun hat, dass wir uns ablehnen und darum zwischen uns kein Ausgleich von Energie stattfindet, dann kann ich mit dieser Übung zuerst einmal bei mir selbst dafür Sorge tragen, dass meine eigene Energie wieder besser fließt. Die einfachste Übung dazu stelle ich dir hier vor.

Strecke deine linke Hand vor dir aus und betrachte ihre Innenfläche. Lege nun deinen Zeigefinger der rechten Hand an das unterste Gelenk deines linken Daumens. Folge nun dem Daumen mit der Außenseite deines Zeigefingers bis zu seiner Kuppe, und atme dabei ein. Wenn du oben angekommen bist, atme aus und fahre dabei langsam auf der anderen Seite des Daumens hin-

unter, bis du im »Tal« zwischen Daumen und Ringfinger angekommen bist. Dann folge dem Zeigefinger bis zu seiner Kuppe und atme dabei ein. Verfahre mit jedem der Finger deiner linken Hand genauso im Ein- und Ausatmen, bis du an der Außenseite deines kleinen Fingers angekommen bist. Nun streiche den gesamten Weg wieder zurück und atme dabei ein und aus, bis du am untersten Gelenk deines Daumens angekommen bist. Wechsle nun die Hand und fahre genauso mit dem Zeigefinger deiner linken Hand die Finger deiner rechten Hand ab. Für jede Hand solltest du dir etwa eine Minute Zeit lassen. Sei achtsam und bewusst und spüre, wie sich dein Atem dabei verändert und ins Fließen kommt.

Beispiel 3: Sylvia und ihr Chef

Sylvia klagte bei mir über ihren strengen Chef, der sie oft übersah und von dessen Seite sie häufig Kritik erntete. Sie hoffte als Abteilungsleiterin schon seit Jahren darauf, ihn als Geschäftsführer »beerben« zu dürfen. Er hatte jedoch statt ihrer bereits einige andere Personen über ihren Kopf hinweg zu Geschäftsführern gemacht, nur um diese kurz darauf wieder abzuberufen. Offenbar leistete ihm niemand genug. Lieber machte er dann gleich selbst weiter.

Wieder war ich natürlich gespannt, wie in diesem Fall der Bambus-Effekt wirken könnte. Ich fragte also genauer nach, was Sylvia denn zurzeit von ihrem Chef bekommen würde. Sie überlegte und fand schnell heraus, vor allem fühle sie sich von ihm missachtet und kritisiert. Wir überlegten dann gemeinsam, welche Ursache dies haben könnte. Sylvia fiel sofort ein, wie häufig sie ihrem Chef zeigte, wie gut und tatkräftig sie war. Denn ihr großes Ziel war ja weiterhin, Geschäftsführerin zu werden. Also machte sie Überstunden, glänzte mit Entwürfen und Vorschlägen und gab sich redlich Mühe, ihren Chef zu beeindrucken.

Sie tat des Guten aber offenbar zu viel. Aus der Sicht ihres Chefs musste der Eindruck entstehen, Sylvia wolle ihm zeigen, dass sie nicht nur gut, sondern sogar besser war als er selbst. Er fühlte sich von ihrer Art kritisiert und zurückgesetzt. Zwar merkte er wohl, wie gut Sylvia in ihrem Job war, aber er spürte vor allem, selbst nicht gut genug zu sein.

Er war schon über siebzig und im Rentenalter. Ihr gegenüber verhielt er sich wie ein alter grauer Wolf, der seine Zeit als Rudelführer längst überschritten hatte. Ein alter Wolf, der spürte, jüngere, kräftigere Wölfe rückten nach und drohten, ihm seinen Rang streitig zu machen. Durch seine Kritik an Sylvia »biss« er sie im Grunde, um sie gefügig zu halten und noch ein wenig Chef des Firmenrudels bleiben zu können.

Phase eins lag in diesem Fall klar auf der Hand. Sylvia lehnte insgeheim ihren Chef ab und sah, wo er aus ihrer Sicht falsche Entscheidungen getroffen hatte. Dies kostete die Firma eine Stange Geld; zum Beispiel wurde jedem der von ihrem Chef wieder abgesetzten Geschäftsführer eine üppige Abfindung gezahlt. Der Chef spürte wohl seine Fehlentscheidungen und wusste, er machte hier etwas falsch. Dies wollte er aber nicht zugeben und auch nicht zeigen, und er schenkte dieses Gefühl dann Sylvia zurück. Denn eine Facette des Bambus-Effekts lautet: *Was ich nicht fühlen möchte, darfst du stellvertretend für mich ausleben.* In diesem Fall: Ich will nicht fühlen, falsch und fehlerhaft zu sein, darum reiche ich dieses Gefühl an dich weiter. Und am einfachsten geschieht dies durch Kritik.

Und was gab Sylvia ihrem Chef? Das Gefühl, nicht gut genug zu sein. Und das spiegelte er ihr zurück: Ich bin nicht gut genug? Na, dann bist du es auch nicht. Sie gab ihrem Chef also Ablehnung und Kritik, und das bekam sie sogleich von ihm zurück. So weit zu Phase 1.

Im Gespräch erkannte Sylvia nun, was geschehen war, und gelobte Besserung. Wenn sie immer nur besser sein wollte, fühlte er sich schlechter und konnte sie darum einfach nicht loben. Sylvia konnte das Prinzip hinter der Ablehnung ihres Chefs sehen, und auch, was es mit ihrem eigenen Verhalten zu tun hatte. In der zweiten Phase fand sie darum immer mehr in die Akzeptanz und war bereit für Schritt 3: Auf welche Weise konnte sie nun ihrem Chef geben, was sie sich selbst so sehr von ihm wünschte?

Die Lösung war ganz einfach. Sylvia hielt sich von nun an mehr zurück und arbeitete vor allem ihrem Chef mehr zu. Sie brachte Ideen ein, aber nur, um ihn nach seiner Meinung zu fragen und damit er auf dieser Grundlage dann selbst entscheiden konnte. Sie legte außerdem ihren Fokus mehr auf die Fähigkeiten ihres Chefs und lobte ihn dann auch an gegebener Stelle. Durch diese Veränderung ihrer inneren Sichtweise auf den Chef war es ihm dann möglich, ihr gegenüber seinerseits Lob und Anerkennung auszusprechen. Sie schrieb mir vor ein paar Monaten, dass ihr Verhältnis zu ihrem Chef immer besser würde. Sie fühlt sich nun mehr gesehen und anerkannt. Planziel eins ist damit erreicht, und zwischen den beiden ist der Grundstein gelegt, dass Sylvia bald selbst Geschäftsführerin werden kann.

Der Bambus-Effekt

Nun werden wir wieder ganz praktisch. Bitte wähle dir eine Person aus, mit der du zurzeit eine Spannung erlebst, die du gerne ausgleichen möchtest. Bitte lege dir dazu auch ein Blatt Papier zurecht. Frage dich zunächst, welche Form von Ablehnung du gegen diesen Menschen hegst. Fühlst du dich von diesem Menschen gedemütigt, hat er vielleicht schlecht über dich geredet? Schreibe es dir zur Unterstützung auf. Dies ist Schritt eins. Nun suche nach Möglichkeiten, diesen gemeinen oder verletzenden Menschen trotzdem zu akzeptieren. Vielleicht sieht er gut aus, hat gepflegte Umgangsformen oder ist sogar mit einem deiner Bekannten gut befreundet. Schreib dir einfach auf, was du Gutes an diesem Menschen finden kannst. Wenn dir gar nichts einfällt, beginne deine Liste mit dem Punkt: Er ist ein Mensch! Dann ist die Ablehnung schon nicht mehr ganz so groß. Nun kommen wir zum dritten und wesentlichsten Schritt. Frage dich, was möchtest du von diesem anderen Menschen? Anerkennung, Respekt? Gib es zuerst diesem anderen Menschen, damit er dir all das zurückgeben kann! Probier es aus!

DIE BAMBUS-ESSENZ

Alles ist von Gefühlen durchdrungen. Nicht nur unsere Handlungen, sondern auch jeder Moment, den wir still und ohne äußeres Tun verbringen. Wir strahlen immer etwas aus, wir sind immer auf etwas eingestimmt, durch unsere innere Haltung und unser inneres Sein.

Der innere Zustand, in dem wir uns befinden, strahlt immer auch nach außen ab.

Im zwischenmenschlichen Bereich ist diese Wirkung auf einen anderen Menschen am besten zu erkennen. Was in einer Beziehung zu meinem Mitmenschen fehlt, kann ich spüren und dem anderen Menschen schenken. Ganz allgemein wirkt der Bambus-Effekt auf alle Probleme in meinem Leben.

Was wir dem anderen Menschen schenken, erhalten wir von ihm zurück.

Grundlage des Bambus-Effekts ist dabei, uns unserer Wirkung auf den anderen Menschen bewusst zu werden. Um eine Spannung zwischen anderen und uns zu harmonisieren, ist es unsere Aufgabe, elastisch zu bleiben und für einen harmonischen Ausgleich zu sorgen. Wenn wir dem anderen geben, was unsere Beziehung braucht, fließt die Energie zwischen uns, und der natürliche Ausgleich zwischen uns kann sich einstellen. Dabei finden erfahrungsgemäß die in den Beispielen gezeigten drei Schritte der Annäherung an den anderen Menschen in uns statt:

Phase 1: Ablehnung erkennen, die ich gegen den anderen habe.
Phase 2: Wege entdecken, den anderen mehr akzeptieren zu können.
Phase 3: Dem anderen geben, was nötig ist.

4. Der Bambus trotzt dem Sturm

Spüre jedes Gefühl in deinem Herzen.
Bleib standhaft, wenn es sich zeigt.

> *Schmiegsam und geschmeidig ist der Mensch, wenn er geboren wird, starr, störrisch und steif, wenn er stirbt. Biegsam, weich und zart sind die Kräuter und Blumen im Wachstum, dürr, hart und stark im Entwerden. Darum gehört Starre und Stärke dem Tode, Weichheit und Zartheit dem Leben. (Laotse)*

Die Bambuspflanze besitzt eine besonders große Widerstandsfähigkeit. Der Bambus steht vor allem in China für Qualitäten wie Ausdauer, Hartnäckigkeit und Langlebigkeit. Er gilt darum als das Symbol für die Wesensart des alten China. Gemeinsam mit Kiefer und Pflaumenblüte wird der Bambus als einer »der drei Freunde im Winter« besonders verehrt. Der Bambus erträgt selbst das härteste Klima und kann auch extreme Bedingungen überdauern. Egal, ob große Hitze, Kälte oder andauernde Trockenheit, der Bambus hat die Kraft, den Umständen zu trotzen, egal, wie sie sind. Er ist extrem standhaft und überlebensfähig. Sogar nach dem Atomunglück von Hiroshima stammten die ersten Triebe, die wieder aus dem Boden sprossen, von Bambuspflanzen.

Eine Bambuspflanze wird in ihrem langen Leben häufig dem Sturm ausgesetzt. Dabei ist es besonders ihre Elastizität, die es ihr erlaubt, flexibel auf diese äußere Beanspruchung zu reagieren. Sie passt sich den äußeren Umständen an, und paradoxerweise ist gerade hierin der Schlüssel zu ihrer ungemeinen Robustheit und Standhaftigkeit zu finden.

Denn wie würde es einem zwar starken, aber weniger biegsamen Bambus ergehen? Sicher hielte er manchem Sturm stand, aber irgendwann würde er an der Last zerbrechen. Wie schon gesagt, hat sich darum in Japan eine sogenannte Bambus-Mentalität entwickelt, die die Eigenschaften dieser Pflanze zum Vorbild nimmt. Auf den ersten Blick ist diese Mentalität eher im Geschäftsleben angesiedelt. Die Anforderungen in der Wirtschaft, besonders in Japan, sind sehr groß. Es ist daher sinnvoll, anpassungsfähig darauf zu reagieren.

Beim zweiten Hinsehen kann dieses Vorgehen aber durchaus verallgemeinert werden. Wie Laotse schon bemerkte, ist die Geschmeidigkeit auch ein Indiz für Jugend und Lebendigkeit. Alles, was wächst, ist weich, um sich entfalten zu können. Um an der Schöpfung teilhaben zu dürfen, ist es äußerst sinnvoll, ja notwendig, flexibel auf neue Ideen und Sprünge zu reagieren. Denn wie sagte John Lennon einmal so schön: Leben ist das, was passiert, während du dabei bist, andere Pläne zu schmieden.

Die Fähigkeit, geschmeidig zu sein und zu bleiben, ist ein Merkmal von Jugend und Lebendigkeit.

Lebendigkeit ist durch Zartheit und einen elastischen Umgang mit der Wechselhaftigkeit des Lebens gekennzeichnet. Ich möchte sogar sagen, dass für mich Steifheit und Starre nur darum (laut Laotse) zum Tode führen, weil er eine logische Konsequenz dieser Erscheinungen ist. Etwas, was nicht mehr weich ist, verliert allein darum seine Verbindung zur Urschöpfung und zum Tao, kann darum auch nicht mehr wachsen und stirbt demzufolge. Und das gilt für den Bambus ebenso wie für den Menschen. Wer nur noch stur sein Ding verfolgt und nicht mehr anpassungsfähig auf seine Umwelt reagiert, verliert leicht den Kontakt zu ihr und wird nicht mehr von ihrer Urkraft versorgt. Solch ein Mensch handelt dann nach Karl Valentins Grundsatz: »Mögen hätt' ich schon wollen, aber dürfen hab ich mich nicht getraut.«

Der Verlust der inneren Zartheit trennt von der Urschöpfung ab und führt zu Alterung und Verlust an Lebensenergie.

Vergleichen wir nun einmal die Eigenschaften von Gefühl und Verstand, dann sind es besonders unsere Gefühle, die immer anders und immer neu sein können. Gerade bei meinen Kindern ist das sehr schön zu sehen. Als sie noch klein waren, konnte es vorkommen, dass sie sich in einem Moment verbissen um einen Bauklotz stritten, und drei Sekunden später spielten sie schon wieder in vollkommener Harmonie. Unser Denken neigt dagegen dazu, in festen Schemata zu bewerten, und hängt gerne in festgefahrenen Meinungen fest. Ein Mensch, der eher fühlend ist als verstehend, bleibt darum mehr im Flow und kann sich an die verschiedenen Gegebenheiten besser anpassen. Sein Empfinden bleibt aktiv und macht ihn auch offener für äußere Einflüsse und neue Ideen. Er blickt mit wachem Interesse auf die Welt um ihn herum.

Ein fühlender Mensch bleibt länger jung und interessiert.

Im letzten Kapitel wurde in Bezug auf das Tao erwähnt, dass wir durch unser Fühlen in Kontakt mit ihm kommen und im Idealfall, so wie Wen Yuke, ganz mit ihm verschmelzen können. Im Tao, der unerklärlichen, geheimnisvollen Urschöpfung, erhalten wir unsere Lebensenergie. Gefühle sind so etwas wie das Stromkabel, durch das unsere Lebensenergie fließt. Wenn wir fühlen, schließen wir uns an die unerschöpfliche Steckdose der Urschöpfung an.

Unsere Gefühle sind eine Art Stromkabel, durch das wir mit Lebensenergie versorgt werden.

Um (aber wirklich nur ganz kurz) hier auch einmal wissenschaftlich zu werden: Das Wippen eines Bambus im Wind kann auch als Schwingung dargestellt werden. Alle natürlichen Vorgänge in der Natur zeichnen sich durch eine gleichförmige Bewegung aus. Das kann eine Welle im Ozean sein, unser Herzschlag, der Biorhythmus oder das Hin-und-her-Schaukeln eines Kindes. Wer sich einmal in wunderbarer Weise von musikalischer Seite her diesem Thema widmen möchte, dem sei das Buch *Nada Brama: Die Welt ist Klang* von Joachim Ernst Behrendt empfohlen. Bildlich gesprochen, beginnt ein Zyklus der Schwingung einer Schaukel an einem Punkt, etwa dem höchsten, entfernt sich dann maximal von ihm, um später wieder zu diesem Ausgangspunkt zurückzukehren. Betrachte ich jedoch nur diesen einen Ausgangspunkt und schaue nur hier, was geschieht, dann ist die Schaukel einmal weg, dann wieder da, dann wieder weg, usw. Ist die Schaukel aber wirklich zwischendurch verschwunden? Nein, ich bin nur mit meiner Wahrnehmung etwas starr und fixiert gewesen oder, wie Laotse sagen würde, tot.

Alle natürlichen Vorgänge sind Schwingungen und variieren in einer bestimmten Bandbreite.

Kommen wir zum Fühlen zurück, dann sind es besonders unsere Gefühle, die uns lebendig machen, die uns wachsen lassen und die unseren Kontakt zur kosmischen Urkraft herstellen. Auch sie ist eine Schwingung und folgt darum den kosmischen Gesetzen, die für jede Schwingung gelten. Beim Bambus-Effekt mache ich mir dies zunutze. Etwas ist nicht da, so wie die Schaukel oder die Wertschätzung eines Menschen. Das bedeutet aber nicht, dass sie völlig verschwunden ist und mir daher niemals zur Verfügung stehen kann. Nein, sie wird zurückkommen, wenn ich sie nur ein wenig mit Energie versorge. Ich schubse sie einfach mal zu meinem Chef rüber und erhalte dann bald seine Wertschätzung von ihm zurück. Das glaubst du nicht? Wieso nicht? Die Schaukel kommt ja auch zurück!

Auch Gefühle sind Teil unserer natürlichen Realität und darum ebenfalls Schwingungen.

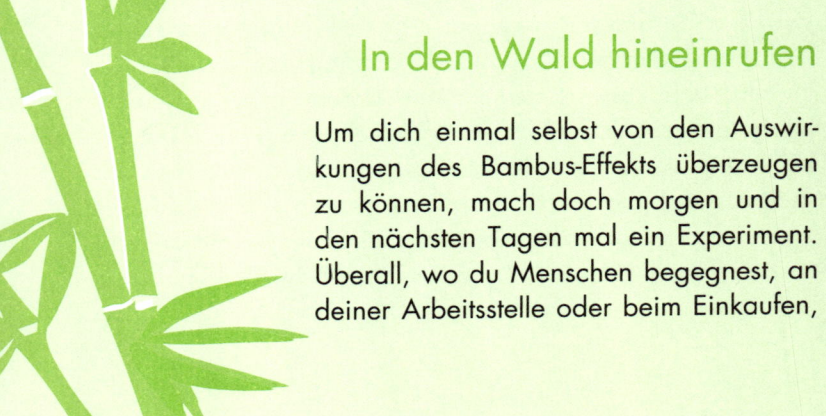

In den Wald hineinrufen

Um dich einmal selbst von den Auswirkungen des Bambus-Effekts überzeugen zu können, mach doch morgen und in den nächsten Tagen mal ein Experiment. Überall, wo du Menschen begegnest, an deiner Arbeitsstelle oder beim Einkaufen, lächle sie an. Egal, ob dir ein Griesgram oder ein freudiger Mensch entgegenkommt. Lächle einfach alle an! Mach dir innerlich eine Liste, wer daraufhin dann ganz spontan auch zu dir zurücklächelt. Sammle all das Lächeln wieder ein, das du verschenkt hast. Ich wette, sehr viele Menschen lachen dich freundlich an, wenn du zuerst die Freundlichkeit gesät hast. Lächeln kostet nichts, so wie der Sonnenschein. Warum also nicht den morgigen Tag als lächelnde Sonne für deine Umwelt verschenken?

Gehe ich jedoch mit dieser fließenden Bewegung der Schaukel nicht mit, sondern beschränke ihre Beobachtung nur auf den Ausgangspunkt, dann verhalte ich mich starr. Das ist, wie gesagt, wenig lebendig. Und was bei einer Schaukel noch recht lustig erscheinen mag, wird am Beispiel unserer Gefühle geradezu dramatisch. Denn fixiere ich mich auf ein bestimmtes Gefühl, dann kann es nicht mehr fließen. Es wird starr, das Stromkabel erhält keine Energie mehr und muss verkümmern. So wie eine Pflanze, die ich nicht mehr gieße. So wie es auch einem Menschen, der seine Gefühle unterdrückt und nicht fühlen möchte, bestimmt recht kümmerlich zumute sein muss.

Ein Gefühl, das nicht mehr schwingen darf, verkümmert. Denn keiner kümmert sich darum.

An dieser Stelle machen wir uns erneut den Bambus-Effekt zunutze. Wir haben ihn kennengelernt, als es darum ging, eine festgefahrene Beziehung wieder in Schwung zu bringen. Sylvia gab ganz einfach in das System »Ich und Du« die Energie hinein, die offenbar fehlte und die darum auch bei ihr zwangsläufig nicht mehr ankam. Sie »schaukelte« etwas von ihrer eigenen Wertschätzung zu ihrem Chef und erhielt seine Anerkennung zurück.
Solch ein System »Ich und Du« bilde ich auch mit meinem Gefühl. Egal, welcher Art dieses Gefühl auch sein mag. Immer kann ich es mir als Gegenüber vorstellen. Und »Du« sagt man doch eigentlich zu einem guten Freund, oder nicht? Darum ist der erste Ansatz, auch unangenehmen, schmerzlichen und traurigen Gefühlen zunächst einmal als Freund zu begegnen. Wir bieten ihm sozusagen das »Du« an. Ist es nicht etwa auch ein wichtiger Teil von dir und deinem Gefühlskörper? Es möchte erlebt sein und lebendig sein dürfen.

Betrachte alle deine Gefühle, auch die weniger angenehmen, als deinen besten Freund.

Denn – und dazu werden wir in diesem Kapitel noch kommen – genau das sind sie. Sie behindern dich und machen Ärger. Sie zeigen sich in vielerlei Problemen, die du mit anderen Menschen bekommst. Sind wir ehrlich zu uns selbst, dann wollen wir eigentlich immer nur glücklich sein. Und solche doofen und unangenehmen Gefühle lehnen wir darum ab, denn die machen sogar noch mehr Stress als der Mensch, mit dem ich gerade Spannungen erlebe. Denn diesen Menschen sehe ich nur hin und wieder. Meine Gefühle begleiten mich aber den ganzen Tag. Mein Leben lang.
Wie kann ich also auch meinen unangenehmen Gefühlen mit

Hilfe des Bambus-Effekts geben, was sie am meisten brauchen? Ganz einfach, wir gehen wieder im bereits bekannten Drei-Schritte-Schema vor:
1. Ablehnung gegenüber bestimmten Gefühlen erkennen
2. Akzeptieren und Kontakt zu diesen Gefühlen herstellen
3. Gefühle spüren

Die Liste der unangenehmen Gefühle ist unendlich lang. Zum Glück kannst du den Bambus-Effekt aber auf jedes dieser Gefühle anwenden. Egal, ob du dich bekümmert, verletzt, abgewiesen, unterdrückt oder ärgerlich fühlst, um jede dieser inneren Regungen kannst du dich kümmern. Der Bambus-Effekt wirkt so wie das Pflaster, das ich früher meinen Kindern aufs Knie geklebt habe, wenn sie auf die Nase gefallen sind. Jemand kümmert sich um den Schmerz, und bald ist alles wieder gut.

Schritt 1: Erkenne, welche Gefühle du ablehnst und welche du darum nicht fühlen und mit Lebensenergie anfüllen willst.
Mach dir bewusst: Ein Gefühl, das verkümmert, macht auch dir laufend Kummer. Wenn du es immerfort wegjagst, weil du es nicht fühlen möchtest, kann dies nicht zum Erfolg führen. Es verfolgt dich weiterhin, da es unumgänglich zu deinem Gefühlskörper gehört. Es möchte gefühlt werden und wieder Teil von dir sein. So wenig, wie du Menschen durch deine Ablehnung aus deinem Leben ausschließen kannst (dazu kommen wir noch im nächsten Kapitel), so wenig kann dir dies mit Gefühlen gelingen, die du ablehnst. Denn Ablehnung ist eine unbewusste Anziehungskraft. Menschen wie Gefühle, die du ablehnst, sind Ausdruck deines Schattens, den du verdrängst. Und dieser Schatten folgt dir immer. Versuch doch mal zum Spaß, dich in die Sonne zu stellen und vor deinem eigenen Schatten davonzulaufen.

Schritt 2: Stell den Kontakt auch zu ungeliebten Gefühlen her.
Schließlich bedenke, dass Gefühle außerdem deine Kontaktmöglichkeit zum Tao und damit zur universellen Schöpferkraft sind. Gefühle bringen dich mit ihm in Verbindung und transportieren die Kraft auf dich. Gefühle haben eine Wirkkraft, eben weil sie in Verbindung zum Tao stehen. Gefühle fließen auch in jede deiner Handlungen und jeden Moment durch dein Wesen in deine dich umgebende Welt. Ein Gefühl, das du verdrängst und nicht mit Leben füllen möchtest, repräsentiert deinen eigenen Schatten. Und auch dieser Schatten wirkt auf deine Umwelt und zieht noch mehr Schatten und Probleme an. Ganz sicher war sich Carl Gustav Jung dieser Thematik bewusst, als er schrieb: »Schattenseiten, die du ablehnst, werden dein Schicksal.« Jung hat sich übrigens in seinen Studien sehr intensiv mit dem Taoismus auseinandergesetzt.

Schritt 3: Gib auch deinen negativen Gefühlen die Aufmerksamkeit, die sie brauchen.
Hier gleich zwei Übungen, mit deren Hilfe du deinen Ängsten, Zweifeln und Sorgen geben kannst, was sie am meisten brauchen. Zu lernen, mit den eigenen Gefühlen umzugehen, ist so eminent wichtig, dass ich mir wünschen würde, dass unsere Schulen dies schon in naher Zukunft unseren Kindern beibringen werden. Statt Mathe oder Deutsch steht dann vielleicht irgendwann »Fühlen« im Stundenplan.

Mutter sein für dein Gefühl

In dieser Übung gehen wir die eben beschriebenen drei Schritte einmal ganz praktisch durch. Wähle ein Gefühl aus, das dich gerade sehr bewegt, etwa Angst. Beginne damit, einige Male langsam ein- und auszuatmen, und leg dann beide Hände auf dein Herz. Tritt in Verbindung mit deinem Herzen und spüre deinen Herzschlag. Nun frag dein Herz, wie es ihm geht. Welches Gefühl ist gerade da? Wie fühlst du dich gerade? Da es uns oft schwerfällt, ein Gefühl genau zu beschreiben, vergleiche es mit etwas Bekanntem. Ich fühle mich wie ... ein angespanntes Seil, das zu zerreißen droht. Oder wie ein Kornfeld, das nach starkem Regen zu Boden gedrückt ist. So lernen wir das Gefühl besser kennen.

Nun frage dich, wo im Körper du das Gefühl im Moment am stärksten spürst? Im Bauch? In der Schulter? Zwickt es irgendwo, grummelt es in dir? Kümmere dich um dieses Gefühl, so wie sich deine Mutter früher um dich gekümmert hat, als du Bauchweh oder Masern hattest. Dein Gefühl ist wie ein kleines

Kind, und wenn du es spürst und dich um es kümmerst, bist du sinnbildlich so etwas wie seine Mutter. Wir spüren dieses Gefühl und geben dem quengelnden, unzufriedenen Kind, was es braucht. Frag also dein Gefühl: »Was brauchst du von mir, mein Kind?« Und so wie alle Kinder wird es sagen, dass es vor allem Geborgenheit braucht. Es möchte akzeptiert und geliebt werden. Also stell dir vor, du könntest dieses Gefühl wie eine Mutter in die Arme schließen. Nimm dieses Kind in dein Herz. Stell dir vor, es wie ein Baby auf deinem Arm zu tragen und zu wiegen. Bis es genug hat und sanft eingeschlafen ist. Du merkst es daran, dass du innerlich friedlich wirst und dein Gefühl sich langsam verwandelt.

Auf einem Seminar machte ich diese Übung mit einer Gruppe, und in der Pause danach kam schüchtern ein älterer Herr auf mich zu. Er hatte eine sehr tiefe Verbindung zu seinem Herzen gespürt und gestand mir zögernd, was er gespürt hatte. Es fiel ihm schwer, es zuzugeben, aber schließlich sagte er es doch: »Weißt du, Manfred, ich habe gespürt, ich habe ganz starken Liebeskummer mit mir selbst.«

Das innere Tier

Nimm wieder ein paar tiefe Atemzüge und spüre deinen Herzschlag. Nimm wieder Kontakt zu deinem Gefühl auf. Nun frage dich: »Wenn dieses Gefühl ein Tier wäre, welches wäre es wohl?« Bist du gerade wütend, dann könnte es ein Drache sein, der Feuer speit. Bist du gerade ängstlich und ohne Vertrauen, dann könnte es eine Gans sein, die laut gackernd aufgeregt herumläuft. Wie ist dein Gefühl gerade, welchem Tier könnte es entsprechen? Mach dir dein Gefühl bewusst und schaffe so wieder ein Gegenüber, das du besser betrachten kannst.

Nun schließe Freundschaft mit deinem Tier. Was braucht dein Drache, was könntest du ihm geben? Vielleicht lässt du ihn sich einfach austoben, bis er sich beruhigt hat. Du kannst dein Tier auch füttern, es streicheln und so eine Beziehung zu ihm aufbauen. Wenn du es ein wenig kennst, stell dir vor, es wäre dein Lieblingstier, das du in deiner Kindheit hattest, das du aus einem Buch kennst oder das vielleicht sogar heute noch dein Leben mit dir teilt. Be-

wundere dieses Tier ein wenig. Warum hast du es besonders gern? Welche Eigenschaft schätzt du besonders an ihm? Zeig ihm, wie sehr du es magst, und schenke ihm ein paar Augenblicke lang deine ganze Zuwendung.

Wiederhole diese Übung an einem anderen Tag mit einem neuen Gefühl. Dabei kann sich ein anderes Tier zeigen, mit dem du Freundschaft schließen kannst. Der Frieden, den du mit deinen Tieren findest, wird sich auch in Form einer neuen Ausgeglichenheit in dir zeigen.

Günther, ein sehr motivierter Unternehmensberater um die vierzig, klagte bei mir über seinen vielen Stress und zeigte bereits Burn-out-Symptome. Er begegnete seinen Gefühlen von Überforderung mit noch mehr Arbeit, spürte aber, dass dies nicht die Lösung sein konnte. Seine körperlichen Beschwerden nahmen auf diese Weise nur noch weiter zu. Als wir sein Gefühl näher unter die Lupe nahmen, zeigte sich in seinem Herzen sein strenger, selbst sehr erfolgreicher Vater, dem er schon als Kind nachgeeifert hatte, um von ihm Anerkennung zu bekommen. Sein Vater war schon verstorben (an Herzinfarkt), doch der Impuls, ihm etwas beweisen zu wollen, trieb

Günther auch heute noch zu immer größeren Leistungen. Darum nahmen wir immer wieder sein Gefühl, nicht gut genug zu sein, in sein Herz und erkannten dieses Gefühl vollständig an. Die Anerkennung, die Günther Zeit seines Lebens vom leiblichen Vater nicht bekommen hatte, gab er jetzt also sich selbst und seinem Gefühl. Das ist der Bambus-Effekt in seiner reinsten Form: Wenn dir das Außen etwas vorenthält, gib es dir selbst und deinem Gefühl!

Mit Hilfe einiger einfacher Übungen kann es dir wie Günther gelingen, deinen Schatten ins Herz zu schließen. Das ist gar nicht so schwer. Unangenehme Gefühle sind wie kleine Kinder: Sie quengeln und werden renitent, bis sie endlich Aufmerksamkeit bekommen. Je länger ich sie ablehne, desto vehementer verlangen sie danach. Ihr Hunger ist nicht zu stillen, indem ich einfach weggucke, sie ablehne und verdränge.
So wie der Bambus den Stürmen und Belastungen seiner Klimaregion standhält, so sollten auch wir mit Herausforderungen umgehen lernen, die das Leben und damit verbunden unsere Gefühle an uns stellen. Doch der Bambus hat es da viel leichter als wir, denn er ist gegenüber seiner Umwelt ungeschützt, ihm bleibt keine andere Wahl. Wir dagegen haben viele Möglichkeiten, unseren unangenehmen Gefühlen auszuweichen.
Denn unangenehme Gefühle mögen wir alle nicht. Wenn sie sich zeigen wollen, wird in uns rasch der Fluchtinstinkt geweckt. Ich will diese negativen Gefühle nicht spüren, ich verdränge sie und lege einen großen Deckel auf diesen Topf. Es gibt gleich eine ganze Menge von Mechanismen, mit denen es mir hervorragend gelingen kann, ein negatives Gefühl nicht

wirklich an mich heranzulassen und zu spüren. Hier nun also ein Potpourri der besten Arten, vor meinen Gefühlen davonzulaufen:

1. Ablenkung: Immer wenn sich ein bei mir unbeliebtes Gefühl zeigt, werde ich unruhig. Um es nicht zu spüren, lenke ich mich ab. Ich verlasse das Haus, gehe in eine Kneipe, schaue mir einen Film im Kino an. Ich besuche einen Freund. Ich treibe Sport oder buche einen Kurs an der Volkshochschule. Ich mache alles, nur um diesem Gefühl aus dem Weg zu gehen.

2. Rollen spielen: Nach außen hin tue ich so, als wäre alles normal. Vor allem dem Menschen gegenüber, der mit meinem unangenehmen Gefühl zu tun hat, spiele ich vor, alles sei in bester Ordnung. Etwa meinem Expartner gegenüber, der mich verletzt hat, als er mich verließ. Ich bin einfach zu stolz, ihm gegenüber meinen Schmerz zuzugeben. Lieber vereise ich mein Gefühl und unterdrücke es vollständig.

3. Reden statt fühlen: Im anderen Extrem schweige ich nicht über mein Gefühl, sondern rede sogar ganz intensiv darüber. Ich rufe meine beste Freundin an, sobald sich dieses Gefühl in mir zeigt, und erzähle ihr davon. Zu viel darüber reden hält aber vom eigentlichen Fühlen ab. Denn Fühlen ist viel eher eine Sache, die sich in mir alleine abspielt. Andere Menschen stören dabei meist. Viele kennen ja den Spruch, dass es möglich ist, viel zu reden, ohne etwas Wesentliches zu sagen. Reden über Gefühle dient ganz ähnlich oft dem Zweck, eine Situation zu bewältigen, und kann darum durchaus hilfreich sein. Jedoch wird das Darübersprechen gern zum Selbstzweck. Ich rede dann nur noch und handle nicht mehr. Aber ich fühle auch nicht. Gefühle wollen aber erlebt und nicht zerredet werden. Reden ist eine vor allem mentale Tätigkeit, die gern weit entfernt vom Herzen stattfindet. Ein Gefühl möchte aber mit meinen Sinnen wahrgenommen werden. Das Reden umschreibt zwar, worum es geht, bringt mein Gefühl aber nicht in die Tiefe, wo es sich verwandeln kann.

4. Probleme weitergeben an andere: Außerdem gebe ich mein Gefühl beim Reden über Probleme und damit verbundene Gefühle ja wieder an den anderen weiter. Der andere soll stellvertretend für mich fühlen, was mir zu viel ist und nicht gelingt. Denn über unseren Gefühlskörper sind wir mit dem anderen Menschen immer verbunden. Darum ist es von der Energie her möglich, ein Gefühl an jemand anderen weiterzugeben. Hauptsache, dieses Gefühl ist in meiner Umwelt und meinem Gefühlskörper vorhanden. Entweder der andere schenkt es mir, oder ich lasse es ihm zuteilwerden. So kann ich manchmal stellvertretend für andere zum Beispiel wütend, ohnmächtig oder traurig sein. Doch fühlen kann ich in die Tiefe einer Empfindung hinein nur selbst. Mein Gefühl kommt schließlich auch aus mir selbst und liegt darum in meiner eigenen Verantwortung. Es wäre richtiger, mich mit meinen Gefühlen selbst auseinanderzusetzen. Denn so, wie ich in einem Gespräch jemanden von meiner Meinung überzeugen möchte, so will ich ihm dabei auch meine Gefühle aufzwingen. Und ich werte ein solches Gespräch womöglich als Erfolg, wenn der andere sich danach ebenso mies fühlt wie ich. Nett ist das nicht.

5. Immerwährende Selbstgespräche: Schließlich kann ich auch mit mir selbst immerwährende Selbstgespräche führen, in denen ich mir gebetsmühlenartig einrede: »Es geht mir gut, es geht mir gut, es geht mir gut.« Das hilft dann aber nur eine kleine Weile. Mein Gefühl lässt sich nicht auf eine magische Weise »besprechen«, so wie frühere Heiler eine Warze besprochen haben, damit sie sich in Luft auflöste. Ein Gefühl ist standhaft und elastisch wie ein Bambus und schnellt nach jedem meiner Verdrängungsversuche wieder in seine alte Form zurück. Um ihm wirklich ins Auge blicken zu können, muss ich ihm darum noch standhafter gegenübertreten.

Auf der Flucht vor dir selbst

Nun aber genug der Theorie, kehren wir doch an dieser Stelle einmal vor der eigenen Tür. Du kennst nun die fünf gängigsten Mechanismen, um unangenehmen Gefühlen auszuweichen. Hand aufs Herz, auf welche Weise weichst du am liebsten deinen Gefühlen aus? Ich muss zugeben, bevor ich den Bambus-Effekt kennenlernte, war meine beliebteste Masche das Reden, um mich von den Gefühlen abzulenken. Nach dem Motto »Gefahr erkannt – Gefahr gebannt« bist du nun sicher in der Lage, deine Fluchtinstinkte zu erkennen und ihnen von jetzt ab auszuweichen.

Rudi arbeitet als selbstständiger Architekt und will bald in den Ruhestand gehen. Seine Auftragslage war in den letzten Jahren eher durchwachsen, und ihn plagte die Sorge, wie er beruflich über die Runden kommen sollte. Schon häufiger musste er von den Rücklagen leben, die er sich eigentlich für die Rente aufgespart hatte. Außerdem besuchte er immer wieder verschiedene Formen von Selbsterfahrungsseminaren, um ein schönes Wochenende unter netten Leuten zu verbringen, denn er war schon viele Jahre Single. In unserem Gespräch kamen wir schnell der Tatsache auf die Spur, dass die Seminare nur einen Verdrängungsmechanismus darstellten, um seinem Gefühl auszuweichen. Er fühlte sich arm, vor allem da er allein lebte. Ihm fehlte vor allem der Kontakt zu anderen und die Zuwendung, die damit zusammenhängt. Also gaben wir vor allem seinem armen Gefühl diese Zuwendung. Er suchte sie in den Seminaren, an denen er teilnahm, fand sie dort aber nicht. Als er sein Gefühl ins Herz nahm und seinem armen Gefühl Raum verschaffte, konnte es sich zeigen und verwandeln. Plötzlich bekam er eine ganz andere Ausstrahlung, die ihm innerhalb kurzer Zeit mehr Aufträge bescherte. Und eine neue Lebensgefährtin stellte sich auch bald ein.

Die genannten Übungen können dir sicher helfen, deinen inneren Schweinehund immer häufiger zu überwinden und dein Gefühl immer besser wahrzunehmen. Der erste und wichtigste Ansatzpunkt für die Heilung von Gefühlen liegt jedoch schlicht und ergreifend darin, mir Freiraum und Zeit für mich zu nehmen. Denn genau und bei Licht betrachtet: Wie sollte ich mich überhaupt jemals spüren, wenn ich all die genannten Verdrängungsmechanismen nutze, um vor mir selbst wegzulaufen? Ich nehme mir ja keine Zeit mehr, mich zu spüren. Ich halte es ja schon gar nicht mehr aus, allein mit mir.

Die Arbeit mit Gefühlen ist ein stiller, innerlicher Prozess.

Nur wenn ich mir dazu wirklich die Zeit nehme, kann es mir in einem stillen, tiefen Moment gelingen, in Kontakt mit mir und meinem Gefühl zu kommen. Erst dann kann ich es fragen: »Gefühl, wer bist du? Was brauchst du? Was willst du mir sagen und zeigen? Ich möchte dich gern näher kennenlernen.«
Nur in der Stille können wir die leise Stimme unserer Gefühle hören. Und die Stille erlaubt es uns auch, Verbindung zum Tao und zur Urschöpfung aufzunehmen, die uns mit unserer Lebensenergie verbindet und die uns so die Kraft verleiht, auch den unangenehmsten Gefühlen standzuhalten. In der Stille, im ruhigen, innerlichen Besinnen ist darum der beste Ort, mich mit meinem Gefühl ganz zu verbinden. Nichtstun in einem konzentriert auf mein Gefühl fokussierten Bewusstsein ist darum die beste Voraussetzung, mein Gefühl spüren zu können.

In der Stille ist das Geheimnis verborgen, Gefühle bis in die Tiefe wahrnehmen zu können.

»Doing nothing is something«, sagt darum auch der vietnamesische Mönch und Weisheitslehrer Thich Nhat Hanh. Im scheinbaren Nichtstun, bei dem wir aber innerlich sehr fokussiert und bewusst sind, kommen wir in Verbindung zur göttlichen Ordnung des Tao, die allein auch unsere Gefühle wieder in die richtige Ordnung bringen kann.

*In der bewusst wahrgenommenen Stille kann ein
unangenehmes Gefühle wieder zurück
in seine Ordnung finden.*

Um dies ein wenig zu erläutern: Mein Sohn sitzt gerade an seiner »Großen Arbeit«. In seiner Montessori-Schule haben alle Jugendlichen der achten Klasse die Aufgabe, sich eines bestimmten Themas besonders anzunehmen, um es dann vor der ganzen Schule zu präsentieren. Mein Sohn hat sich den Aufbau des Universums ausgesucht und will vom kleinsten Atomkern bis zur größten Galaxie die Dimensionen unserer Welt vorstellen. Schon früh ist ihm aufgefallen, dass sich die Struktur des kleinsten Atoms mit den um den Kern kreisenden Elektronen auch im Sonnensystem wiederfindet: mit den um die Sonne kreisenden Planeten. »Im Kleinen wie im Großen«, folgerten dann auch die Mystiker unseres Mittelalters sehr treffend.

Im Atomkern wie auch in unserem Sonnensystem liegt ganz offenbar eine innere Ordnung vor, die sich ganz selbstverständlich von allein einstellt. »Doing nothing is something«, meint in meiner Deutung darum, dass unser »Nichtstun« uns genau mit dieser Ordnung – die natürlich auch in uns Menschen existiert – wieder verbindet. Unser äußerliches »Tun« lenkt uns nur immer wieder von der Rückbesinnung auf diese Ordnung ab. Genau wie es auch unser Denken und unser Verstand nur allzu gerne immer wieder tun.

Ein schmerzhaftes Gefühl, das ich unterdrücke, verdränge oder nicht wahrhaben will, wird dieser Ordnung entzogen. Denn es wird vom Lebensstrom abgekoppelt. Es kreist wie ein Fremdkörper wirr und ungelenk um die Sonne meines Gefühlsystems und kommt nicht zur Ruhe. Es ist aus der Bahn geworfen und wirft mich deshalb aus der Bahn.

*Nichts ist der Seele schädlicher als der Versuch, gegen
Gefühle anzukämpfen, über die sie keine Herrschaft hat.
(Dschuang Dsi, taoistischer Philosoph)*

Nehme ich mir aber Zeit für dieses unangenehme Gefühl und lasse es zu, lasse es einfach nur sein, dann findet es wieder in seine ursprünglich ihm vorbestimmte Planetenbahn zurück. Dazu muss ich selbst gar nichts tun, im Gegenteil, ich muss sogar aufhören, etwas tun zu wollen. Das Gefühl hat in sich das Wissen, die Intuition, wie es geheilt und in Ordnung gebracht werden kann. Alles, was ich tun muss, ist, es im Herzen zu akzeptieren und zu spüren.
Denn das ordnende Prinzip des Gleichgewichts und des Ausgleichs wirkt auch unsichtbar in uns und unseren Gefühlen. So wie hell und dunkel als scheinbare Gegensätze nur zwei Seiten derselben Medaille sind, so sind auch alle gegenteiligen Gefühle, die angenehmen wie die unangenehmen, miteinander unsichtbar verbunden.

*Auch unsere scheinbar gegensätzlichen Gefühle sind nur
Ausdruck derselben göttlichen Ordnung und hängen
unsichtbar und untrennbar zusammen.*

Wenn ich ein unangenehmes Gefühl verneine und unterdrücke, stelle ich mich gegen diese Ordnung und halte sinnbildlich das Pendel an, das zwischen den Gegensätzen hell und dunkel frei hin und her schwingen möchte. Lasse ich das Pendel aber wieder los, indem ich das unangenehme Gefühl wirklich spüre, dann schwingt ganz automatisch das Gefühl zu seinem Gegenüber, und Unglück verwandelt sich in Freude. Für diesen Prozess ist aber eine innere Stärke notwendig, von der im nächsten Kapitel die Rede sein wird.

*Jedes unangenehme Gefühl hängt mit seinem
angenehmen Gegenüber zusammen.*

Diese Erfahrung macht jeder, der über eine Zeit hinweg achtsam jedes Gefühl spürt. Auch unser Gefühlskörper ist elastisch, auch er strebt, der inneren Ordnung folgend, immer zum Ausgleich zwischen den Gegenpolen seiner möglichen Gefühle. So wie die Sonne auf den Regen folgt und der Tag auf die Nacht, so schwingen sich auch unsere Gefühle schon bald wieder aus unangenehmen Regionen auf glücklichere Ebenen zurück. Wenn ich sie wirklich fühle. Aber auch wenn wir einmal besonders gut drauf sind, dann ist es ganz natürlich, dass eine Weile später wieder ein trauriges Gefühl auftaucht. Gefühle sind so. Der Gefühlskörper ist ein Gegensatzkörper, und in unserer Dualität müssen sich auch die Gefühle wieder ausgleichen.

*Jedes unangenehme Gefühl hat den inneren Drang,
sich mit seinem Gegenüber zu vereinen. Auf Unglück
folgt so im natürlichen Fluss der Dinge immer wieder
Freude und Glück.*

Innere Harmonie und Freude, die Laotse als wesentliche Eigenschaft des Tao beschreibt, sind damit Ausdruck des inneren Friedens und das selbstverständliche Resultat, wenn sich alle Gefühle fließend in meinem Gefühlskörper ausgleichen können. Wenn ich alle Gefühle zulasse, so wie sie kommen, und so, wie sie sind. Die Kinder machen es uns mit ihrem Lachen und ihrem Weinen vor. Das eine kann nicht ohne das andere existieren.

> Melina kam mit Mitte dreißig, kurz nach der Scheidung von ihrem Mann, zu mir ins Coaching. Sie war sehr traurig über die Trennung. Wir schauten uns das Thema gemeinsam an, und sie übte sich darin, dieses Gefühl ins Herz zu nehmen. Sie kam über einen Zeitraum von drei Monaten immer wieder zu mir. Dabei berichtete sie mir, wie sie dem Gefühl von Einsamkeit und Schmerz immer wieder Raum gab und natürlich dabei auch weinen musste. Aber sie meinte dann selbst, es seien gute Tränen gewesen, da sie spürte, wie der Verlustschmerz abnahm und Platz für schöne Momente machte. Sie musste sogar lachen, als sie darüber berichtete, und ein Strahlen war in ihren Augen. Ihre Trauer hatte sich in Freude verwandelt.

Zum Ende dieses Kapitels möchte ich nun gern noch auf eine Verwirrung eingehen, die es bei dir, liebe Leserin und lieber Leser, möglicherweise gerade gibt. Denn einerseits soll man im Umgang mit seinen Gefühlen flexibel und elastisch bleiben, andererseits dann wieder standhaft. Ja, was denn nun? Ist das eine denn nicht das genaue Gegenteil des anderen? Ja und nein. Im Grunde ist es wirklich paradox. Aber mittlerweile habe ich festgestellt, dass dies eine Eigenschaft der Wahrheit ist. Darum hier ein kleiner Exkurs über Wahrheit.

Die Wahrheit ist paradox.

Denn eine Wahrheit ist niemals endgültig. Ich möchte sogar sagen, eine echte Wahrheit ist gerade dadurch gekennzeichnet, dass auch sie lebendig ist. Sie ist daher weich und flexibel und passt sich dem an, was ich fühle. Sie ist mit dem Gefühl verbunden und schwingt darum auch gern zwischen den Polen Richtig und Falsch.

Niels Bohr, der berühmte Nobelpreisträger, war sich dessen sehr bewusst. Er war der Meinung, es gäbe zu ein und derselben Sache immer eine tiefere und eine flachere Wahrheit. Die flachere ist eher mit dem Denken verbunden. Hier herrscht die Logik, und darum ist immer das Gegenteil einer wahren Aussage falsch. Bei der tieferen Wahrheit jedoch ist das Gegenteil einer wahren Aussage ebenso wahr. Sie ist eng mit den Prinzipien des Tao und der Urkraft verbunden, und darum mit dem Gefühl. Was schert sie da unser engstirniges logisches Denken, das auf alles eine Antwort parat hat? Auch wenn die Wahrheit zwischen zwei Aussagen hin und her schwingt, bleibt sie wahr.

Niemand ist von der Wahrheit weiter entfernt als der, der auf alles eine Antwort hat. (chinesische Weisheit)

Denn auch der Bambus ist doch beides: standhaft *und* flexibel. Wäre er nicht am einen Ende, seiner Wurzel, so standhaft, könnte er nicht weiter oben so elastisch sein. Und wäre er am oberen Ende nicht so flexibel, sondern starr, dann würde er entwurzelt. Gerade seine Flexibilität führt zu seiner großen Standhaftigkeit. Beide Eigenschaften bedingen einander, obwohl sie offenkundig auch gegenteilig sind.

Gegensätze bedingen einander.

Heraklit, der große griechische Philosoph, hat sich wie kaum ein anderer mit dieser Thematik auseinandergesetzt. Viele kennen ja von ihm den Ausspruch: *Panta rhei: Alles fließt.* Er bezieht diese Erkenntnis einerseits darauf, dass alles Lebendige in Bewegung ist und schwingt. Durch eben diesen Fluss, seine Flexibilität, ist alles Lebendige charakterisiert. Andererseits ist dieser Fluss auch Wesenskern alles Lebendigen, sozusagen dessen innere Eigenschaft. Das Lebendige fließt nicht nur, wenn wir es sichtbar im Äußeren betrachten, nein, es fließt auch unsichtbar, in sich, in seinem Inneren. Auch wenn wir dies nicht wahrnehmen können.

Alles Lebendige fließt. Sichtbar, in seiner äußeren Umwelt. Und auch unsichtbar, in seiner inneren Struktur.

Was wir im Sichtbaren als Gegenteil erkennen, entsteht unaufhörlich im Fluss der Zeit. Es ist abhängig von dem, was wir gerade betrachten. Einmal schauen wir ein volles Glas mit Wasser an, dann schütten wir es aus. Vorher war das Glas voll, jetzt ist es leer. Voll und leer sind somit aufeinander bezogen, sie existieren nicht unabhängig voneinander. Und das ist bei allen Gegenteilen der Fall. So wie Laotse sagte: Schwer und leicht vollenden einander. Lang und kurz gestalten einander. Gegenteile sind Ausdruck unserer Dualität.

Gegenteile sind wie Bruder und Schwester, sie bedingen einander. Ohne das eine könnte auch das andere nicht existieren.

Darum stehen auch unsere scheinbar gegensätzlichen Gefühle in Verbindung miteinander. Liebe und Hass, Zuversicht und Zweifel, Verzagtheit und Mut. Das eine könnte ohne das andere nicht sein. Erst wenn wir unserer größten Angst ins Auge sehen und sie überwinden, können wir wirklich mutig sein.

Kehren wir noch einmal zum Bambus zurück, so sind auch hier Elastizität und Standhaftigkeit nur eine Frage der Betrachtung. So wie beim Beispiel der fünf blinden Weisen, die einen Elefanten beschreiben sollten, sehe ich einmal nur die Wurzel des Bambus, das andere Mal seinen Wipfel. Unser Denken führt die Eingrenzung unserer Betrachtung herbei. Im Gefühl können wir uns dagegen mit der gesamten Pflanze verbinden und dabei auch die scheinbaren Gegensätze vereinen. Im Denken behindert uns die außen sichtbare Polarität; erst im Fühlen dringen wir durch zu einer tieferen, innewohnenden Dualität, die unsichtbar allen Dingen zugrunde liegt.

Erst im Fühlen erkennen wir die tiefere Wahrheit.

Auf den Umgang mit unseren Gefühlen bezogen, sind auch die Gegensätze Standhaftigkeit und Flexibilität Teil dieser inneren Polarität und beide wichtig. Einerseits sollen wir unsere Gefühle spüren und ihrer fließenden Form dabei folgen. Andererseits brauche ich aber mindestens genauso meine innere Standhaftigkeit, wenn mich schmerzhafte und unangenehme Gefühl zu übermannen drohen.

Der Zen-Meister Ryokan war einmal mit einem jungen Mönch auf Wanderschaft. In einem Teehaus bekamen sie Reis mit Fisch. Der junge Mönch ließ den Fisch unangetastet, während Ryokan seine Bettelschale ohne Zögern leer aß. Da sagte der junge Mönch: »Der Reis enthielt Fisch.« Ryokan antwortete lächelnd: »Ja, es war ganz köstlich.«
Am gleichen Abend durften sie bei einem Bauern übernachten, und am folgenden Morgen klagte der junge Mönch: »Die Flöhe haben ja so gebissen, ich war die ganze Nacht wach. Wie konntest

du so tief schlafen?« Ryokan antwortete gleichmütig: »Ich esse Fisch, wenn er mir angeboten wird, und ich lasse den Flöhen und Mücken ihren Anteil an mir.«

Ryokan gibt hier ein schönes Beispiel für den Umgang mit Gefühlen. Er ist flexibel, isst den Fisch und folgt elastisch seinem Gefühl, obwohl ihm das Fischessen als Mönch untersagt ist. Der Dalai Lama sagt dazu: Erlerne die Regeln und brich sie. Wenn Ryokan aber die Flöhe beißen und die Mücken stechen, dann bleibt er standhaft und hält diese unangenehmen Gefühle aus. Er spürt, wann er flexibel auf eine Anforderung reagieren muss und wann er standhaft bleiben muss, ohne dem Gefühl auszuweichen. Auch wenn es unangenehm ist. Und auch wenn ich dabei eine scheinbare feste Regel außer Kraft setze. Im Gefühl lasse ich mich leiten, und mein Gefühl zeigt mir dabei, was für mich richtig ist. Regeln sind manchmal einfach zu starr. Und mein Gefühl verbindet mich immer mit meiner eigenen, tieferen Wahrheit.

DIE BAMBUS-ESSENZ

Einem anderen Menschen etwas zu geben ist für uns selbstverständlich. Schwieriger erscheint es schon, uns selbst etwas zu geben. Denn wer ist in diesem Fall unser »Gegenüber«? Nun, wir sind es einfach selbst, und zwar unser Gefühl. Wir fragen, welches Gefühl gerade in uns ist, und treten in Zwiesprache mit ihm.

Wenn wir uns selbst spüren, können wir auch unserem Gefühl geben, was es gerade braucht.

Über unser Gefühl sind wir in der Lage, in Kontakt zu uns selbst zu treten. Wir können uns fragen, welche Gefühle gerade in uns schwingen. Ist es Angst, ist es Zweifel? Egal, welches Gefühl es ist, wir können es uns bewusst machen und es als einen Freund, ein Gegenüber, wahrnehmen. Um auch unserem Gefühl geben zu können, was es braucht, nutzen wir wieder die schon bekannten drei Schritte:

Schritt 1: Wir machen uns bewusst, welche Gefühle gerade da sind.

Allein schon diese innere Frage bringt das Gefühl ans Licht, und wir können es darum nicht mehr verdrängen. Statt ihm auszuweichen, widerstehen wir dem Impuls, weiter vor ihm davonzulaufen. Auch dieses Gefühl gehört zu uns, es ist ein lebendiger Teil unseres Gefühlskörpers. Wenn wir es spüren, gehen wir zu ihm in Kontakt und akzeptieren es. Wir erforschen dieses Gefühl und lernen es besser kennen.

Schritt 2: Wir akzeptieren dieses Gefühl und schließen Freundschaft mit ihm.

Schließlich spüren wir dieses Gefühl und finden heraus, was es am meisten braucht. Wir laden es in unser Herz ein und bringen es dabei in Verbindung zu unserer Seele, zu unserem Ursprung. So wie eine Batterie am Ladekabel versorgen wir das Gefühl dabei mit allem, was es benötigt.

Schritt 3: Wir nehmen dieses Gefühl an und geben ihm, was es braucht.

Der Bambus-Effekt kann also nicht nur einem anderen Menschen, sondern auch uns selbst geben, was benötigt wird. Der Ausgleich, der dabei energetisch mit einem anderen geschieht, gelingt auch in unserem Inneren, wenn wir unseren Gefühlen Aufmerksamkeit schenken. Den Raum, den wir unseren Gefühlen im Herzen schenken, wenn wir sie spüren und zulassen, geben sie uns in Form von Freude und innerer Freiheit stets zurück.

5. Der Bambus gewinnt an Stärke

*Halte deinen Gefühlen kraftvoll stand.
Jede Herausforderung möchte das Beste
in dir ans Licht bringen.*

Ein Asket saß schon seit Wochen meditierend in seiner Höhle, als eine Maus an seinem Schuh zu knabbern anfing. Der Mann wurde zuerst unruhig, dann ärgerlich und zum Schluss richtig wütend. Er unterbrach seine Meditation und schrie die Maus an: »Warum gehst du mir auf die Nerven? So kann ich nicht meditieren. Du störst mich!« Die Maus antwortete: »Aber ich habe Hunger!« Der Asket traute seinen Ohren nicht und erwiderte: »Das gibt es doch nicht! Ich suche die Einheit mit Gott, und du lenkst mich ab, nur weil du Hunger hast? Lass mich in Ruhe und verschwinde!« Da sprach die Maus: »Wenn du nicht mal mit mir zurechtkommst, wie willst du dich dann mit Gott vereinen?«

Obwohl die pflanzliche Struktur des Bambus durch seine Hohlräume sehr leicht und scheinbar zerbrechlich erscheint, gewinnt er damit eine Belastbarkeit, die ihn zum meistverwendeten organischen Baumaterial Asiens macht. Bambus ist in seiner Belastbarkeit bei gleichzeitiger Biegsamkeit jeder anderen Holzart weit überlegen. Zudem wächst er sehr viel schneller als andere Baumarten und ist darum als nachwachsender Rohstoff in gro-

> ßer Menge vorrätig. Die meisten Gerüstkonstruktionen auf Baustellen werden in Asien aus Bambus errichtet. Bambus steht außerdem als Symbol für Kraft und positive Lebensenergie, in China auch für ein langes Leben. Seine innere Stärke zeigt sich auch in seiner Eigenschaft, nur sehr selten zu blühen. Manche Bambusarten blühen nur in einem Abstand von bis zu hundertzwanzig Jahren, was diesen Vorgang zu einem geheimnisvollen und faszinierenden Ereignis macht.

Nun kennen wir den Bambus-Effekt bereits von zwei Seiten her. Zum einen können wir ihn benutzen, um anderen Menschen in unserer Umwelt das zu geben, was wir selbst als fehlend in unserer Beziehung zu ihnen erleben. Sei es der Partner, der Chef oder der Arbeitskollege.
Zum anderen funktioniert dieses vom Bambus abgeleitete Prinzip auch bei mir selbst, wenn ich mein Gefühl als mein Gegenüber betrachte, dem offensichtlich auch irgendetwas fehlt. Ich kann meinen Gefühlen geben, was sie benötigen. Davon handelte das letzte Kapitel
Nun kommen wir zu einer dritten Variante, die die beiden bereits vorgestellten Arten des Bambus-Effekts miteinander verbindet. Hier geht es vor allem um diejenigen Menschen in meiner Umwelt, die mich stören, mich nerven und mit denen ich darum manchmal so meine Probleme habe. Diese schwierigen Menschen wollen nicht darauf warten, bis ich ihnen, dem Bambus-Effekt folgend, gebe, was zwischen uns fehlt. Nein, sie holen sich ganz frech und unverfroren all das schon selbst bei mir, von dem sie denken, dass es ihnen doch längst zusteht. Normalerweise verhalten wir uns solchen Menschen gegenüber extrem. Entweder gehen wir ihnen ganz aus dem Weg, oder wir streiten mit ihnen. Beides ist jedoch recht un-

erfreulich. Der Bambus-Effekt kann hier einen anderen, mittleren Weg zeigen.

Jeder von uns hat solche Menschen in seinem Umfeld, die an uns saugen, die uns fordern und immer etwas von uns wollen. Sie verlangen immerfort nach Aufmerksamkeit und wollen immer nur noch mehr. Und nun soll ich diesen Nervensägen auch noch geben, was sie doch ohnehin ständig von mir verlangen? Geht das nicht doch ein bisschen zu weit? Schauen wir uns die Situation einmal in Ruhe an.

Im Gefühlskörper sind wir alle miteinander verbunden. Genau aus diesem Grund kann ich ja meine Gefühle – zum Beispiel, indem ich darüber rede – auch auf andere Menschen übertragen. In der Wechselwirkung mit einem anderen Menschen passieren solche Dinge sehr häufig. Dann diskutiere ich mit jemandem sehr hitzig, um den anderen zu überzeugen. Er soll so denken, wie ich denke. Und er soll am besten auch gleich so handeln, wie ich es tue. Oder er soll denselben Glauben annehmen, wie ich ihn für richtig halte. Im Grunde wird mir durch solche Menschen mit vielen Arten von Überzeugungsarbeit vermittelt, wie ich zu sein habe: im Denken, Handeln, Glauben und Fühlen.

Häufig wollen nervende Menschen, dass ich so denke, handle, glaube und fühle wie sie selbst.

In meinem Gefühl kann es nun aber geschehen, dass ich unbewusst dabei so subtil manipuliert werde, dass ich diese Einflussnahme des anderen auf mein Leben gar nicht mehr bemerke. Dann geht es zwar scheinbar darum, dass ich dieselbe Meinung annehme wie dieser andere Mensch. Das denke ich aber nur. Denn auf der tieferen Ebene der Gefühle geht es in Wirklichkeit darum, dass mir solch ein Mensch Aufmerksamkeit abverlangt, mich dabei bindet und unbemerkt Energie von mir aufsaugt. Ich merke dies ganz einfach daran, dass ich mich nach einem Zusammentreffen mit solchen Menschen ganz ausgelaugt fühle. Mir fehlt es dann einfach an Kraft. Wo ist die wohl geblieben?

Menschen, die mich nerven,
rauben mir auf subtile Weise Energie.

Ist mir dies bewusst, dann ist der erste Schritt zur Besserung schon gemacht. Aha, dieser Mensch will mal wieder bei mir auf geschickte Weise auftanken? Na gut! Ich sehe es von nun an als einen sportlichen Wettstreit. Jetzt beginne ich, diesem Menschen mit Hilfe des Bambus-Effekts zu begegnen. Ich arbeite an mir, denn ich möchte wirklich lernen, wie ich am besten mit Energieräubern umgehen kann.

Der schlechte Mensch ist derjenige,
an denen der gute zu arbeiten hat. (Laotse)

Diese Form des Bambus-Effekts ist so etwas wie die Meisterprüfung. Nachdem wir uns nun schon ein wenig mit ihm beschäftigt haben, haben hoffentlich die guten Erfahrungen mit ihrer Anwendung ein gewisses Selbstbewusstsein in uns hervorgerufen. Nach dem Erforschen der Bambus-Eigenschaften von Gelassenheit und Elastizität haben wir nun auch erkannt, dass wir Herausforderungen des Lebens standhalten können. Diese Standhaftigkeit schenkt mir nun als weitere Bambus-Qualität die Stärke, auch mit schwierigen Menschen umzugehen. Ich lasse mich von ihnen nicht mehr bestimmen, sondern bestimme mich von nun an mit Hilfe des Bambus-Effekts selbst. Dazu muss ich mich gar nicht selbst in den Vordergrund stellen.

Der Weise hält sich im Hintergrund, doch in Wirklichkeit steht er vorn. (Laotse)

Ich bin dann nicht mehr das willige Opfer solcher Menschen, sondern bin mir der Mechanismen, mit denen sie mich still und heimlich bestehlen, bewusst. Wenn ich mich über sie ärgere, vielleicht sogar tagelang, schenke ich ihnen ebenso meine Energie, wie wenn ich vor ihnen davonlaufe. Und die Möglichkeiten, Energie bei mir abzuzapfen, sind so vielfältig, dass ich hier nur einige wichtige aufzählen will. Du kannst die Liste gern mit Hilfe deiner eigenen Erfahrungen weiterführen. Energie kann ich rauben, indem ich …
* viele und langatmige Monologe halte
* andere Menschen nicht zu Wort kommen lasse
* immer zu spät komme und andere ständig auf mich warten lasse
* immer wieder dieselben Fragen stelle
* mir aufgetragene Arbeiten so lange liegen lasse, bis andere Stress bekommen
* meine Rechnung nicht bezahle und andauernd reklamiere
* immer über alles schimpfe und klage
* andere herausfordere und provoziere
* nur über Negatives spreche

Es ist sogar schon anstrengend, nur darüber nachzudenken und diese Liste anzulegen. Wie geht nun der Bambus-Effekt bei diesen Menschen vor? Wie immer sind es dieselben drei Schritte, die wir dabei verwenden:
1. Mach dir deine Ablehnungen bewusst.
2. Finde Möglichkeiten, wie du zu mehr Akzeptanz finden kannst.
3. Frage dich, was kannst du diesem Menschen geben? Hier

kommt als Besonderheit dazu, das bestimmte Gefühl erst einmal zu erkennen, das dir der nervende Mensch übergeben will.

Schritt eins ist im Fall eines schwierigen Menschen natürlich offensichtlich. Ich merke es sofort, wenn er mich nervt. Widmen wir uns darum etwas hingebungsvoller dem zweiten Punkt, der Akzeptanz. Mir selbst hat es in dieser Hinsicht sehr geholfen, als mir klar wurde: Dieser Mensch ist sich ja gar nicht bewusst, was er da tut. Manche Menschen meinen es ja aus ihrer Sicht heraus sogar gut und nerven mich trotzdem. Das kann ein Kollege sein, der mir immer zeigt, wie ich etwas besser machen könnte. Das will ich aber eigentlich gar nicht wissen. Da er dies fortlaufend tut, nervt er mich schon bald mit seiner Besserwisserei.

Bei nervenden Menschen kommt es nicht auf deren Absicht an, sondern allein darauf, wie ich mich mit ihnen fühle.

Wenn ich stark genug bin, mich diesen Menschen zu stellen und innerlich mit ihnen zu arbeiten, dann erinnert mich dies an Goethes *Faust*, wo die Kraft beschrieben wird, die stets das Böse will und stets das Gute schafft. Es muss etwas Gutes hinter diesem scheinbar negativen, nervenden Verhalten des anderen stecken. Ich muss es nur entdecken. Nachdem ich den Bambus-Effekt eine Weile praktiziert hatte, war mir klar: Der nervende Mensch erinnert mich freundlicherweise daran, dass ich ihm etwas geben sollte. Ich hatte es nur vergessen. Mir hat auch die Sichtweise sehr geholfen, dass ich dem anderen Menschen ja nur etwas gebe, was zu mir zurückfließen wird. Im Grunde »verleihe« ich meine Gaben ja nur, um später, schon bald, wieder reich damit beschenkt zu werden. Dafür lohnt sich der Aufwand aus meiner Sicht dann sehr wohl.

Was ich dem schwierigen Menschen schenke, »verleihe« ich eigentlich nur. Es fließt bald wieder von anderer Stelle zu mir zurück.

Über mein Gefühl gebe ich diesem Menschen, was mir gehört. Es ist aber schon deutlich geworden: Im Gefühl bin ich mit jedem Menschen so stark verbunden, dass es Kriterien wie »deines« oder »meines« gar nicht gibt. Wenn ich dem anderen Menschen gebe, was er wirklich braucht, dann geht mir nichts dabei verloren. Im Gegenteil, ich erhalte es bald zurück. Das Gefühl gleicht sich aus. Oder besser gesagt: Dort, wo ich dem schwierigen Menschen helfe, dessen Gefühl zu entdecken und zu spüren, gleiche ich seine Gefühle aus, und damit immer auch meine. Ich schaffe Harmonie im Gefühlskörper, der uns beide verbindet.

Gefühle streben danach, sich zu harmonisieren und auszugleichen. Dieses Prinzip gilt für meine eigenen Gefühle in mir wie auch für die Gefühle zwischen zwei Menschen.

Dieser andere Mensch ist sich seines Handelns und seiner Gefühle nicht bewusst. Er spürt sich nicht und bietet mir darum sein Gefühl an, damit ich es stellvertretend für ihn fühle. Er schiebt mir sein Gefühl rüber, und meine Ablehnung dreht sich auf dieser Ebene genau darum. Ich fühle kurz hinein, was da auf mich zukommt, und denke sofort fluchtartig und unterbewusst: »Nichts wie weg!« Seinen Müll soll der andere lieber selbst aufräumen. Wenn ich ehrlich bin, will ich seine Gefühle also auch nicht fühlen. Und das heißt, sie gehen mich sehr wohl etwas an, sie berühren ein eigenes Thema in mir. Aus Sicht der Gefühle sind wir also gar nicht so verschieden. Was ich ihm schenke, gebe ich auch mir selbst.

Oft lehne ich einen schwierigen Menschen ab, weil ich die Gefühle nicht spüren will, die ich mit ihm verbinde. Ich will nicht spüren, was er fühlt. Und ich will nicht spüren, welches Gefühl er mir übergeben will.

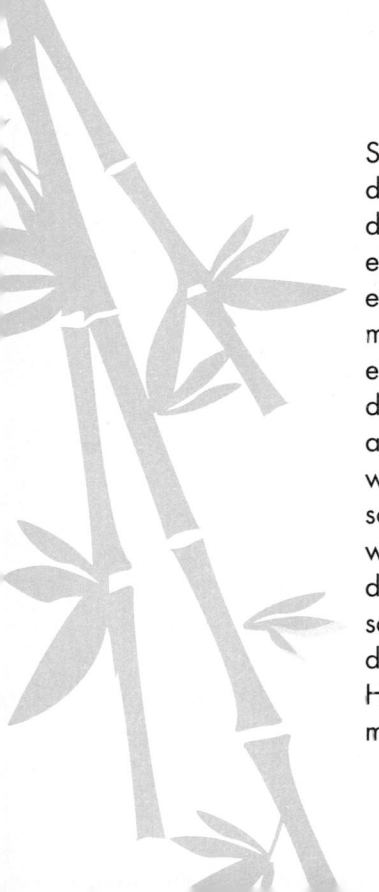

Die Nervensäge

Such dir zuerst einen passenden Kandidaten für diese Übung aus, mit dem du das Zusammensein als sehr schwierig empfindest. Das kann ein Kollege oder ein Nachbar sein. Setz dich dazu einmal ganz still zu Hause hin und atme einige Male tief ein und aus. Spüre dein Herz und komm ganz zu dir. Nun arbeite innerlich mit den Fragen: »Was will mir dieser Mensch zeigen? Was soll ich für ihn fühlen? Welches Gefühl will er mir schenken?« Geh ganz in die letzte Begegnung mit diesem Menschen und spüre ihr nach: Wie hast du dich gefühlt? Schuldig? Kritisiert? Hilflos? Ausgeliefert? Unfähig? Ohnmächtig? Oder einfach nur falsch? Du merkst schon, die Spannweite der Gefühle, die andere uns schenken, ist sehr weit und vielfältig.

Nun geh ganz in Verbindung mit diesem Gefühl. Es ist offensichtlich ja dein eigenes, und du bist noch nicht in Harmonie mit ihm. Akzeptiere dieses Gefühl und geh ganz hinein. Ja, ich bin wirklich schuld, falsch oder hilflos. Ich bin die ganze Hilflosigkeit, ich nehme sie ganz an. Ich fühle, wie sie sich anfühlt.

Und wieder kümmere ich mich um dieses Gefühl und nehme es an wie eine Mutter. Ich nehme es in meine Arme, vielleicht stelle ich mir vor, es zu wiegen, als wäre es mein eigenes Kind. Ich schenke ihm Geborgenheit, damit es heilen kann und Teil meines Gefühlskörpers wird.

Das eindrucksvollste Beispiel für die Wirkung des Bambus-Effekts stammt aus meinem engsten Freundeskreis. Patrizia, eine langjährige Freundin von mir, befand sich vor Kurzem in einer sehr schwierigen Situation mit ihrem Mann. Sie waren schon viele Jahre zusammen und nun, im berühmten siebten Jahr, trennte ihr Mann sich Knall auf Fall von ihr. Wir redeten über die Situation am Telefon, und natürlich erzählte ich ihr dabei auch vom Bambus-Effekt. Gern wollte sie ausprobieren, ob er ihr helfen könnte. Ich ging mit ihr die drei Schritte durch und fragte sie dann, was ihrer Meinung nach dieser Beziehung fehle. Was wünschte sie sich von ihrem Mann, und was könnte sie ihm darum am besten zuerst selbst geben? Sie schwieg kurz und sagte dann leise ins Telefon: »Akzeptanz! Ich wünsche mir, dass er mich so akzeptiert, wie ich bin!« Ihr Mann nörgelte nämlich ständig an ihr herum und ließ oft kein gutes Haar an ihr. Patrizia sah ein, dass es darum nun zuerst an ihr war, seine Art zu akzeptieren. Denn er hat auch viele gute Eigenschaften, und sie liebt ihn sehr dafür. Kaum hatte sie diesen Entschluss gefasst und mit mir am Telefon (über Festnetz) ausgesprochen, da klingelte ihr Handy. Ihr Mann hatte angerufen, sie erkannte es am Display. Uns beiden fiel fast der Hörer aus der Hand! Ihr Mann rief genau in dem Moment an, als sie beschloss, zuerst ihm Akzeptanz zu schenken. Und das, obwohl beide schon seit Wochen gar keinen Kontakt mehr hatten. Sie ging also an ihr Handy. Er hatte nur angerufen, um ihr vorzuschlagen, sich noch am gleichen Abend mit ihm zu treffen. Und von diesem Treffen an waren sie wieder ein Paar. Ich selbst bin heute noch fassungslos über diese schnelle Wirkung des Bambus-Effekts.

Es war einmal vor langer Zeit, dass ein Schüler seinen Zen-Meister besuchte und sich über die Menschen beklagte. Er war der Meinung, dass er von den meisten Personen in seinem Umfeld verletzt, beleidigt und beschimpft oder einfach nur unfreundlich behandelt werde. Der Meister überlegte kurz, verschwand in der Küche und kam mit einem Messer, einigen Kartoffeln und einem Sack zurück. Dann sprach er: »Nimm für jede Person, die dich in den letzten Tagen und Monaten verletzt hat, eine Kartoffel und ritze den Namen dieser Person ein.« Der Schüler tat, wie es ihm der Meister befohlen hatte. Es dauerte nicht lange, bis der Schüler mehr als ein Dutzend Kartoffeln mit Namen versehen hatte. Der Meister war zufrieden und sprach: »Gut, nun lege die Kartoffeln in einen Sack und trage ihn eine Woche mit dir herum, ohne ihn auch nur für einen Moment abzulegen. Komm nach sieben Tagen wieder zu mir in den Tempel.«

Der Schüler nahm den Sack und befolgte die Anweisung des Meisters. Zu Beginn bereitete ihm das Tragen der Kartoffeln keine Mühe. Doch nach einigen Tagen wurde der Sack immer schwerer, und die Kartoffeln begannen zu stinken. Der Schüler war froh, als die Woche vorbei war und er wieder vor seinem Meister stand. Dieser erkundigte sich, ob er etwas gelernt habe. Der Schüler antwortete: »Ja, Meister, ich habe gelernt, wenn ich den Menschen, die mich verletzt haben, nicht vergeben kann, dann trage ich den Ärger immer mit mir herum. Und der Ärger wird nicht weniger. Im Gegenteil, er nimmt von Tag zu Tag zu. Ich muss also den Menschen verzeihen können, und das bedeutet, die Kartoffeln aus dem Sack zu nehmen.« Der Meister war zufrieden und sprach: »Gut. Überlege dir nun, welchen Menschen du vergeben kannst, und entferne die entsprechenden Kartoffeln aus dem Sack.« Der Schüler überlegte nicht lange und entschied sich, dass er allen Menschen verzeihen wollte. Und so entfernte er alle Kartoffeln aus dem Sack.

Als ich mit dieser Form des Bambus-Effekts das erste Mal bei einer besonderen Nervensäge experimentierte, hatte ich plötzlich Angst, dass dieser Mensch dann doch dauernd zu mir kommen würde, um noch mehr von dem zu bekommen, was er brauchte. Ich geriet schon ein wenig in Panik. Dann stellte sich aber glücklicherweise heraus, dass es vor allem um den Ausgleich im Gefühlskörper geht, der dabei stattfindet. Und zwar vor allem in meinem eigenen. Das scheinbare Böse wird in dem Moment zum Guten, in dem ich das Geschenk in diesem Menschen erkenne und nicht mehr dagegen kämpfe. Ich komme in Frieden mit meinem Gefühl und daher auch mit dem Menschen, der mich bisher nervte.
Im Fall von Patrizia und ihrem Mann ging es offenbar um Akzeptanz. Und vielleicht nörgelte er offen an ihr herum, wo sie unbewusst und still mit vielen seiner Eigenschaften nicht zufrieden war. Er sprach vielleicht nur offen aus, was sie insgeheim und still schon lange Zeit dachte. Als sie sich entschloss, ihn mit allen seinen Arten und Unarten zu lieben und zu akzeptieren, wurde die Energie zwischen den beiden ausgeglichen, und Friede stellte sich ein.

Ein schwieriger Mensch kann mich nur so lange nerven, bis ich in Frieden mit ihm bin.

Natürlich kann ich diese Vorgehensweise mit jedem Menschen üben, der mich aufregt. Das Prinzip funktioniert mit Arbeitskollegen wie mit Nachbarn, mit meinem Partner ebenso wie mit meinen Eltern. Welches Gefühl vermittelt dir dein Arbeitskollege, dein Chef, dein Nachbar, deine Mutter, dein Vater? Schreib es dir auf, vielleicht stellst du dir diese Frage heute zum ersten Mal. Und dann mach die vorgestellte Übung »Die Nervensäge« mit ihm.

Für Menschen, die viel in Kontakt mit anderen sind, etwa Therapeuten oder Berater, ist in diesem Zusammenhang besonders spannend, was der Fluss des Lebens ihnen da vor die Füße schwemmt. Welches Thema bringt mir mein Klient gerade mit in meine Praxis? Und welches Gefühl ist damit verbunden? Mit welchem Gefühl soll ich lernen, umzugehen? Bin ich schon dazu in der Lage, oder schenkt mir mein Klient eine neue Herausforderung? Es muss eine Resonanz mit diesem Menschen in mir geben. Etwas will sich zeigen, eine Energie will zwischen uns fließen, sonst würde dieser Mensch nicht in meinem Umfeld auftauchen. Der andere spiegelt mir immer auch meine eigenen Baustellen, die ich selbst noch habe. Schon mehrmals ist es mir sogar so gegangen, dass innerhalb kurzer Zeit mehrere Menschen mit demselben Thema nacheinander zu mir gefunden haben. Es hat etwas mit mir zu tun.

Menschen, die mir begegnen, zeigen mir immer auch einen Teil von mir.

In einem Dorf war es Brauch, dass der Zen-Meister jeden neuen Gast persönlich begrüßte. Nun kam eines Tages ein Fremder ins Dorf und erkundigte sich bei dem Meister: »Bitte, sag mir, wie sind die Menschen hier in deinem Dorf?« Der Meister lächelte: »Sag mir, wie waren die Menschen, denen du im letzten Dorf begegnet bist?« Der Mann antwortete: »Sie waren freundlich, offenherzig und hilfsbereit. Ich habe mich dort sehr wohlgefühlt.« »Gut«, sprach der Zen-Meister. »So in etwa werden die Menschen auch hier sein.«
Nach kurzer Zeit erschien ein zweiter Fremder vor dem Meister, und auch er fragte den weisen Mann: »Guten Tag, bitte, sag mir, wie sind die Menschen hier im Dorf?« Der Meister lächelte erneut

und fragte: »*Sag mir du, wie waren die Menschen, denen du im letzten Dorf begegnet bist?*« *Der Mann antwortete:* »*Oh, es war ganz fürchterlich. Sie waren launisch, mürrisch und verschlossen. Keiner hat dem anderen geholfen. Ich habe mich dort sehr unwohl gefühlt.*«
»*Nun*«, *sagte der Zen-Meister,* »*so werden die Menschen in etwa auch hier sein.*«

Ein und derselbe Mensch kann sehr unterschiedlich auf andere wirken. Auf meinem letzten Sommerfest war erstmals die neue Frau eines lieben Freundes bei mir zu Gast. Mein erster Eindruck war, dass sie sehr grimmig und missmutig in die Welt schaute. Ich merkte, wie ich auf ihren Gesichtsausdruck reagierte, und fragte darum sofort mein Gefühl: »Wie fühlst du dich mit diesem Menschen?«

Mein Gefühl zeigte sich als Eindruck: Dieser Frau bin ich nicht gut genug. Sie mag meine Party nicht, und durch ihre grimmige Miene will sie mir zeigen, ich soll bitte schön etwas zu ihrer besseren Unterhaltung tun. In gewisser Hinsicht kaschierte ihre grimmige Miene darum ihre momentane Hilflosigkeit und war eigentlich ein Schrei nach Liebe und Aufmerksamkeit.

Also stellte ich mich meinem Gefühl, nicht gut genug zu sein. Ich nahm mein Gefühl, falsch zu sein, wie in der Übung »Mutter sein für dein Gefühl« in mein Herz. Und bald schon ging es mir besser. Als Gastgeber war ich wohl wirklich etwas unsicher, ob gerade sie als neuer Gast sich wohlfühlen würde. Und natürlich interpretierte ich ihren Gesichtsausdruck als kritisch und unzufrieden. Sie spiegelte aber nur, in der Resonanz, meinen inneren Zustand an Unsicherheit.

Ich widmete mich dann auch dem Gefühl von Hilflosigkeit, das ich bei dieser Frau wahrnahm. Ich nahm also auch mein Gefühl von Hilflosigkeit in mein Herz. So lehnte ich dieses Gefühl der Frau nicht mehr ab, sondern fühlte mit, verband mich mit ihr und stellte so endlich eine Verbindung zu ihr her. Und ich spürte, wie ich innerlich ruhiger wurde.
Noch auf dem Fest unterhielt ich mich mit einer Freundin, und sie sagte, auch auf sie habe diese Frau sehr unzufrieden gewirkt. Der Gesichtsausdruck wirkte auf sie aber ganz anders. Ihrem Gefühl nach sollte diese Grimmigkeit vermitteln: »Ach du liebe Güte, in was für unangemessene Gesellschaft bin ich denn hier geraten. Wie borniert die hier bloß alle reden, wie schlecht diese Menschen angezogen sind! Ich bin mir zu fein dafür, ich bin etwas Besseres gewöhnt!« Wieder das Gefühl »Ich bin nicht gut genug!«, nur mit der Facette, gesellschaftlich minderwertig zu sein.

Ich kann auch dieses Gefühl in mein Herz nehmen, bei mir und bei der grimmigen Frau. Ich nehme mein Gefühl, nicht gut genug zu sein, in mein Herz und gebe ihm, was es braucht. Und ebenso kann ich mit dem Gefühl verfahren, etwas Besseres zu sein. Ich nehme meine Blasiertheit und Überheblichkeit in mein Herz. Der Bambus-Effekt lässt sich auf jedes meiner Gefühle anwenden.

Eine ganz ähnliche Situation wie mit dieser Frau hatte ich vor vielen Jahren einmal auf einem Lebensfreudeseminare in Kisslegg. Damals war es gleich eine ganze Gruppe von sechs Teilnehmern, die einen ganz ähnlichen freudlosen Eindruck machte. Alle wirkten auf mich so, als hätten sie überhaupt keinen Spaß und fänden das Seminar einfach nur blöd. Sie saßen nur unbeteiligt dabei, wenn die anderen eine Übung machten. Ich vermutete, diese sechs Leute würden bald nach Hause fahren, so grimmig guckten sie drein. Später beim Essen setzte ich mich deshalb an ihren Tisch und redetet mit ihnen. Und da zeigte sich: Das Gegenteil war der Fall. Alle sechs waren hoch begeistert von dem Seminar. Sie waren es nur nicht gewohnt, unter so vielen Menschen zu sein, und machten nur aus dieser Unsicherheit heraus bei keiner der angebotenen Übungen mit. Manchmal kann unser Gefühl uns also auch einen Streich spielen.

Übrigens zeigen Frauen und Männer grundsätzlich unterschiedliches Verhalten, wenn sie mit Menschen konfrontiert werden, die sie irritieren oder stören. Frauen reagieren dann eher passiv und halten die Situation einfach aus, so gut und so lange es geht. Männer dagegen werden tendenziell eher aktiv und reagieren mit Wut. In beiden Fällen geht aber sehr viel Kraft verloren. Bei den Frauen kostet es immens viel Energie, die Situation einfach nur auszuhalten. Ihnen fehlt dann oft die Kraft, und sie lassen viele Dinge liegen, die sie eigentlich noch machen wollten. Bei den Männern wird die Energie im Streiten schlichtweg verbrannt und fehlt dann ebenfalls für wichtigere Dinge. In beiden Fällen, bei Mann und Frau, hilft das Arbeiten mit Gefühlen durch den Bambus-Effekt dabei, die für uns so wichtige Lebensenergie zu behalten und nicht zu einer anderen Person abfließen zu lassen. Denn diese Energie ist unsere wichtigste Ressource, sie hilft uns, vital und lebenshungrig zu bleiben bis ins hohe Alter.

Frau und Mann gehen unterschiedlich mit störenden Menschen um. Frauen reagieren eher passiv, Männer dagegen aktiv.

Jeder von uns weiß, wie mühsam es ist, mit schwierigen Menschen umzugehen. Darum möchte ich an dieser Stelle gern noch etwas ausführlicher aus Sicht der Gefühle darauf eingehen. Oft versuchen wir, mit schwierigen Menschen zu diskutieren, um ihnen zu zeigen, was uns an ihnen stört. Dies führt jedoch meist nur zum Gegenteil, dieser Mensch zieht uns dann nur noch mehr in seinen Bann und spielt sein energetisches Spiel dann nur umso effektiver mit uns.

Besonders wichtig ist es darum, uns und ihm gar keine mentale Erklärung liefern zu wollen und auch nicht mit ihm darüber zu sprechen. Es geht hier wirklich nur ums Fühlen, und jedes Diskutieren bringt uns aus dem Fühlen nur noch mehr ins Denken. Es mündet meist in Besserwissen und Streit. Dieser Mensch will keine Erklärungen von uns, sondern schlicht und einfach unsere Energie! Um nichts anderes geht es.

Beim Fühlen stelle ich mir die Frage: »Was will dieser Mensch mir zeigen?« Und ich entdecke dann dieses Gefühl in mir. Wie fühle ich mich: Ach so, ich soll hier schuld sein, der Trottel oder der Rücksichtslose. Egal, welches Gefühl mir dieser Mensch auch gibt, ich kann das alles sein. Ich bin so, okay. Sicher bin ich manchmal dumm. Sicher bin ich manchmal schuld. Ich kann auch der Trottel sein. Ich akzeptiere auch das. Wenn ich das Gefühl wahrnehme, dann *bin* ich dieses Gefühl, ganz und gar. Ich bin dann bewusst in meiner Wahrnehmung und kann so für diesen einen Moment mit dem anderen verschmelzen. Gehe ich in die Ablehnung, dann trenne ich mich vom anderen ab und kann ihn darum nicht fühlen.

*Akzeptanz ist die Grundvoraussetzung,
den anderen überhaupt fühlen zu können.*

Mit dem anderen Menschen, der stört, kann ich nur verbunden bleiben, wenn ich auf das Gefühl, das er mir vermittelt, nicht reagiere. Denn die erste Reaktion auf mein Gefühl ist oft, wegzuschrecken und davonzulaufen. »Wie bitte, ich soll schuld sein? Ich soll dumm sein? Nein, nichts wie weg!« Diese Reaktion kann passiv sein, wenn wir die Situation aushalten, uns aber energetisch abtrennen, wie es oft bei Frauen der Fall ist. Oder, wie beim Mann, wenn wir hochschrecken und wütend werden.

*Wenn ich ein unangenehmes Gefühl nicht fühlen will,
schrecke ich oft zuerst einmal davor zurück.*

Dieses Zurückschrecken trennt mich aber nicht nur von dem Gefühl, das mir durch den nervenden Menschen vermittelt werden soll. Es reißt mich auch aus dem Gefühl für mich selbst heraus. Ich verliere den Kontakt auch zu mir selbst und bin nicht mehr bei mir. Ich drehe mich von mir weg, bin nicht mehr bewusst und verliere darum auch die Hoheit über mein Handeln. Ich bin außer mir, im wahrsten Sinne des Wortes, und da ich meine Bewusstheit verliere, werde ich wehrlos dem nervenden Menschen gegenüber. Und dann bin ich ihm ausgeliefert. Der andere kann energetisch mit mir machen, was er will.

*Wenn ich den Kontakt zu mir selbst verliere,
bin ich dem nervenden Menschen ausgeliefert.*

Eine der wichtigsten Lektionen, die mir solch ein schwieriger Mensch schenkt, ist darum, bei mir zu bleiben, trotz aller Herausforderungen, die dieser Mensch mir schenkt. Eckhart Tolle ist der Meinung, solche unbewussten Menschen sind dazu da, mich noch bewusster werden zu lassen. Ich soll lernen, bei mir zu bleiben und nicht auf den Zug aufzuspringen, den dieser Mensch mir anbietet. Ich fahre lieber bei mir selbst mit. So wie in einem Fitnesscenter kann ich trainieren, bei mir zu bleiben. Ich muss nur fokussiert sein und in meiner Mitte. Das ist eine gute Form von spiritueller Praxis: Ich bleibe achtsam, auch wenn dieser Mensch da draußen alles versucht, mich aus meiner Präsenz, aus meinem Sein hinauszukatapultieren.

Ich kann jede Herausforderung durch einen schwierigen Menschen als spirituelle Praxis betrachten.

Die eigene Mitte stärken

Wenn du in Kontakt mit solch einem schwierigen Menschen kommst, hilft es oft, das Zentrum deines Körpers zu aktivieren. Ich selbst praktiziere diese Übung oft, wenn mich ein Mensch besonders herausfordert. Dabei hilft dir wieder dein Atem. Im einfachsten Fall atme einfach zunächst ein paarmal ein und wieder aus. Dann stell dir vor, direkt in dein Kraftzentrum zu atmen, das

etwa einen Fingerbreit über deinem Nabel zu finden ist. Es ist mit dem Solarplexus (Sonnengeflecht) und deinem dritten Chakra verbunden. Atme in deiner Vorstellung etwas oberhalb deines Nabels in deinen Bauch ein. Stell dir vor, wie dort eine gelbe Energie entsteht, die langsam zu einer kleinen Sonne wird, die dich wärmt und die deinen ganzen Bauch mit einem wohligen Gefühl bescheint. Diese Sonne ist dein unerschöpfliches Energiereservoir. Du stärkst so deine Mitte und wirst weniger aus der Bahn geworfen. Der andere Mensch kann dich dann nicht mehr aus deiner Mitte bringen. Es empfiehlt sich, diese Übung einige Male zu Hause in einer Meditation zu üben, damit sie dir im richtigen Moment einfällt und dir dann zur Seite stehen kann.

Wenn ich auf diese Weise fest und in meiner Mitte bleibe, dann hat der nervende Mensch den »Kampf« verloren. Reagiere ich auf ihn, gewinnt er. Es ist eine große Herausforderung. Und sicher, die ersten Partien werde ich verlieren. Aber das Gute ist, der nervende Mensch wird sein Spiel ja immer aufs Neue wiederholen, und so bekomme ich immer wieder eine neue Gelegenheit, mich zu trainieren. Bis ich

schließlich damit umgehen kann. Zum Beispiel wird der nervende Kollege ganz bestimmt auf der nächsten Weihnachtsfeier wieder zu mir kommen, um denselben Witz zu erzählen.
Nervende Menschen rauben uns Kraft und Lebensenergie. Darum, wenn jemand dir irgendeinen Blödsinn erzählt und dich damit nerven will, kämpf nicht dagegen, sondern gib ihm einfach recht. Ja, genau so ist es. Ja, was du da erzählst, ist zwar der größte Blödsinn, aber es ist wirklich schlimm. Vergrößere es noch, mach es noch schlimmer. Ja, das ist wirklich eine Katastrophe! Dann bestätigst du den Blödsinn und stellst dich nicht mehr dagegen. Scheinbar hat der nervende Mensch dann gewonnen, aber du wirst sehen, er ist verwirrt. Damit hat er nicht gerechnet! Indem du ihm recht gibst, kann er nicht mehr weiterjammern und muss die Flinte ins Korn werfen. Du reagierst nicht mehr auf den Blödsinn, den er verzapft. So schaffst du den nötigen Abstand und kannst anschließend den Bambus-Effekt anwenden.

Ein Trick, mit schwierigen Menschen umzugehen, ist: Gib ihnen recht!

Schwierige Menschen fordern häufig von uns, dass wir ihre Meinung teilen, und wollen sie uns sogar aufzwingen. Wenn ich aber diese Meinung bestätige, läuft sie ins Leere. Gebe ich ihr recht, dann ist sie zufrieden. Es geht dann gar nicht mehr darum, wirklich zu tun und umzusetzen, was da gefordert wurde. Denn der nervende Mensch hat ja selbst gar keine Energie! Darum will er sie ja dauernd bei mir abzapfen. Alles ist für ihn schwer und anstrengend und nur noch ein weiterer Grund, viel zu klagen und damit zu nerven. Der nervende Mensch braucht darum immer jemanden, der

Dinge für ihn erledigt. »Wo war noch mal mein Schlüssel? Du hast ihn doch eben noch gehabt!« Diese Menschen sind immer die Letzten, die sich anziehen, um irgendwo hinzugehen, und die ganze Gruppe muss auf sie warten. Sie ziehen damit Aufmerksamkeit auf sich, die sie mit Energie versorgt.

Nervende Menschen haben selbst keine Energie, darum versuchen sie, sich diese Energie bei uns zu holen.

Weil ihm die notwendige Kraft fehlt, kann ein solcher Mensch auch nicht für sich verantwortlich sein. Immer sollen andere etwas für ihn tun, er kann es einfach nicht allein. Und die anderen machen es dann nicht richtig und nicht gut genug. Wieder ein Grund mehr, anderen Menschen ein schlechtes Gefühl zu geben! Alle anderen Menschen sind für sein Glück zuständig. Und die anderen sind dann schuld, wenn das Glück nicht da ist. Damit macht dieser Mensch allen anderen ein schlechtes Gewissen, und es hagelt Vorwürfe: »Du hast das nicht gemacht, du hast nicht angerufen, diese Blumen sind gelb, du weißt doch, ich mag rote Blumen viel lieber. Deinetwegen bin ich traurig … Und so weiter.«

Schwierige Menschen bürden anderen die Verantwortung für ihr Leben auf. Die anderen sind schuld, wenn sie unglücklich sind.

Mittlerweile ist sicher deutlich geworden: Nervende Menschen spielen ihr Spiel meisterhaft. Sie machen sich ihre eigenen Regeln, wie es ihnen passt. Spiele ich mit, habe ich schon verloren. Wenn ich ihnen helfen will, wenn ich sie überzeugen möchte, wenn ich ihnen Gutes tun will, wenn ich sie fördern will. Es gibt viele gute und gut gemeinte Gründe, auf diese Menschen zuzugehen und mich auf sie einzulassen. Am Ende verliere ich aber allein schon deshalb, weil ich ihr Spiel mitmache. Ich falle auf ihren Haupttrick herein, so wie eine Fliege sich auf den Fliegenfänger setzt und nicht mehr loskommt. Ich gehe ihnen buchstäblich auf den Leim. Ich sitze in der Falle.

Das Gute an diesen schwierigen Menschen ist aber, auch sie haben ihren Sinn. Wenn ich mit Hilfe des Bambus-Effekts die Gefühle spüre, die sie mir schenken, dann ist auch dies gut, denn ich löse meine eigenen Blockaden auf. Wo bin ich noch unfähig, mit einem anderen Menschen umzugehen? Wo rebelliere ich, wo fehlt mir noch eine Begabung, auch diesen Menschen zu ertragen und dabei in meiner Mitte zu bleiben? Es ist etwas in mir, das fehlt. Dieser Mensch zeigt es mir nur. Ich bin noch nicht in meinem Frieden, ich bin noch nicht ganz vollständig. Dieser schwierige Mensch zeigt mir einen Mangel an Fähigkeit, einen Teil, den ich noch nicht in mir erkannt und entdeckt habe.

Denn auch ich gehe anderen manchmal ganz bestimmt auf die Nerven. Auch ich bin manchmal fordernd und ziehe zu viel Energie von anderen ab. Wenn ich aber mit Hilfe eines schwierigen Menschen meine Blockade sehe, meinen Fehler, meine Unart, dann kann ich sie öffnen und zum Guten verwandeln. Letztlich wird die Dumpfheit damit für mich zum Wegweiser zu einem Schatz in meinem Inneren. Oder anders gesagt: Es ist egal, ob ich an meinem eigenen Blödsinn arbeite oder am Blödsinn der anderen. Hätte ich nicht auch einen Teil Dumpfheit in mir, dann könnte mich die Dumpfheit da draußen gar nicht erreichen.

Schwierige Menschen helfen mir, an meiner eigenen Unfähigkeit zu arbeiten, mit ihnen umzugehen.

Wenn ich lerne, mit den Unarten anderer Menschen besser und richtiger umzugehen, dann erschließt sich mir auch eine andere Seite des inneren Friedens: Ich werde mir meiner Verantwortung bewusst. Denn in einer anderen Sichtweise bin ich doch auch für den anderen mit verantwortlich, der mich vielleicht schon lange mit einer Vielzahl seiner Unarten nervt und mich so zum Opfer macht. Ich spüre dank des Bambus-Effekts und der Arbeit mit ihm meine Gefühle immer mehr. So kann ich erspüren, was im Moment gerade energetisch geschieht, und handle dementsprechend. Ich lasse es mir nicht mehr gefallen, zum Spielball der Unarten meines Gegenübers zu werden. Ich lerne, mit den verschiedenen Unarten der Menschen umzugehen.
So wie C. G. Jung sagte, der Mann müsse seine innere Frau integrieren und die Frau ihren inneren Mann, so ist es auch bei der Arbeit mit Gefühlen angezeigt, dass jedes Geschlecht auch die andere Seite des Umgangs mit Gefühlen erlernt. Frauen, die vielleicht selbst bei größeren Unverschämtheiten des Gegenübers zu nett und angepasst sind, können so lernen, auch aktiv in das Geschehen einzugreifen und mehr Mitverantwortung zu übernehmen. Männer, die zu impulsiv auf die Unart eines anderen reagieren, können lernen, einen Zwischenraum zu schaffen, erst einmal zu atmen und die Fragen zu stellen: »Wie fühlt sich das an? Was möchte der andere mir zeigen?« Um dann, nach einem kurzen Innehalten, in neuer, friedlicherer Art und Weise dem anderen gegenüberzustehen.
Der Bambus-Effekt lässt uns reifer und erwachsener mit den Herausforderungen unseres Lebens umgehen. Jeder von uns

hat unabhängig vom jeweiligen Geschlecht weibliche und männliche Eigenschaften, in den unterschiedlichsten Ausprägungen. Heute gibt es Frauen, die durchsetzungsfähiger sind als manche Männer, und genauso kenne ich einige Männer, die empathischer und sensibler sind als so manche Frau. Jeder von uns kann also entdecken, wie sie oder er im Umgang mit Gefühlen den von Buddha gepredigten mittleren Weg gehen kann. Um all seine Facetten und Seiten immer mehr ins Leben zu integrieren. Und um immer besser zu lernen, mit den Unarten der anderen umzugehen.

DIE BAMBUS-ESSENZ

Im Umgang mit schwierigen Menschen kann der Bambus-Effekt sehr nützlich sein. Denn Menschen, die uns vor besondere Herausforderungen stellen, zeigen uns damit nur, dass wir noch nicht gelernt haben, auf angemessene Weise mit ihnen umzugehen. Es bringt uns nicht ans Ziel, diesen Menschen auszuweichen oder wütend zu werden. Mit beiden Reaktionen setzen wir uns nicht wirklich mit der Aufgabe auseinander, die sie uns stellen.

Schwierige Menschen verlangen von uns, dass wir in unsere Kraft und innere Stärke finden.

Allein, dass solch ein nervender Mensch in unserem Leben auftaucht, zeigt uns schon an, das Universum möchte hier etwas von uns. Offenbar geht es – um was auch sonst – wieder um Gefühle, die dieser Mensch mir schenkt und die ich nicht fühlen möchte. Ursprünglich geht es also wieder um meine eigenen abgelehnten Gefühle.

Schritt 1: Welches Gefühl will uns dieser schwierige Mensch schenken?

Haben wir dieses Gefühl lokalisiert, dann sind wir bereit dafür, es wieder anzunehmen und zu akzeptieren. Als Hoffnungsschimmer am Horizont kann dabei die Gewissheit dienen, dass dieser schwierige

Mensch uns nur so lange auf die Nerven gehen kann, bis wir unsere Lektion gelernt haben und das ungeliebte Gefühl zugelassen haben, das er uns schenken will.

Schritt 2: Schließe Freundschaft mit diesem Gefühl (und damit mit diesem Menschen).

Indem wir nun anschließend diesem Gefühl das geben, was es braucht, geben wir es auch diesem Menschen wie auch uns selbst.

Schritt 3: Gib diesem Gefühl, und damit dir selbst, was es braucht.

Die Vernebelung und Verzauberung, mit der uns dieser schwierige Mensch unsichtbar so lange in seinen Bann gezogen hat, lösen sich dann auf. Sie beruhen allein auf dem Gefühl, das er uns vermittelt. Nach dem Motto »Gefahr erkannt – Gefahr gebannt« verwandelt sich wie im Märchen der vormals hässliche Frosch in einen Prinzen. Und das Schönste daran ist, dieser Prinz sind wir selbst! Es war unser eigenes hässliches Gefühl, dem wir aus dem Weg gegangen sind. Gefühle können wachsen und sich verwandeln. Davon handelt gleich das nächste Kapitel.

6. Der Bambus wächst zu seiner wahren Größe

Weite deine Gefühle aus. Entdecke dabei das versteckte Potenzial deiner Gefühle.

In einer Lehrstunde fragte eine Meisterin ihre Schülerinnen: »Kann mir eine von euch sagen, wann die Nacht endet und der Tag beginnt?« Alle dachten darüber nach, und irgendwann meldete sich eine Schülerin und sagte: »Ich glaube, die Nacht endet und der Tag beginnt, wenn man eine Katze von einem Fuchs unterscheiden kann.« Die Meisterin schüttelte den Kopf. Eine andere Schülerin meinte: »Ich würde sagen, die Nacht endet und der Tag beginnt, wenn man einen Apfelbaum von einem Birnbaum unterscheiden kann!« Wieder schüttelte die Meisterin den Kopf. Da wurden die Schülerinnen ungeduldig und wollten endlich die Antwort wissen. Also sprach die Meisterin: »Die Nacht endet und der Tag beginnt, wenn ihr nach Belieben in ein Gesicht sehen könnt und dort weder einen Fremden noch eine Fremde erblickt, sondern in ihm oder ihr einen Teil von euch selbst erkennt!«

Die Fähigkeit des Bambus, zu wachsen, ist wirklich erstaunlich. Kaum eine Baumart schießt so schnell in die Höhe wie ein Bambus. Hat der Keimling erst den Boden durchbrochen, wächst dieses Wunder der Natur in wenigen Monaten zu seiner Gesamthöhe heran. In tropischen

Regionen liegt der Rekord bei 3 Metern an nur einem Tag. Manche Arten werden bis zu 35 Meter hoch, mit einem Halmdurchmesser von 35 Zentimetern. Der Bambus steckt voller Lebensenergie, auch unter der Erde. Seine Wurzeln verzweigen sich fast unendlich und schützen dabei sogar ganze Berghänge vor dem Abrutschen. Ein vietnamesisches Sprichwort sagt: »Wenn der Bambus alt ist, erscheinen die Bambussprossen.« Das bedeutet, dass Vietnam nie vernichtet werden kann.

Der Bambus-Effekt beruht auf der Tatsache, dass wir alle wie durch ein unsichtbares Band miteinander verbunden sind. Dieses Band wird durch unsere Gefühle gewoben, die sich unter uns allen zu einem gemeinsamen Gefühlskörper vereinigen.

Über mein Gefühl bin ich mit dem ganzheitlichen Gefühlskörper aller Menschen verbunden.

Viele der Eigenschaften, die in den vorangegangenen Kapiteln dem Tao zugeschrieben wurden, können über diesen allumfassenden Gefühlskörper erklärt werden. Mit seiner Hilfe können wir in Kontakt zum Tao treten und dabei die Fähigkeit entwickeln, andere Menschen und die gesamte Umwelt um uns herum besser zu fühlen. Dabei wachsen wir über uns selbst hinaus. Statt nur in unserer kleinen, auf uns selbst beschränkten Welt zu leben, spüren wir auch die anderen Menschen, entwickeln Mitgefühl, bekommen Kontakt zu unserer Intuition und kümmern uns auch mehr um Mutter Natur. Umweltschutz ist ein direktes Resultat der Tatsache, dass wir auch die Natur mit in unser Gefühl aufnehmen und uns mehr um sie kümmern.

Dieses Wachstum, das in meinen Gefühlen stattfindet und das mich als Menschen völlig neu definiert, kann durch meine innere Haltung gefördert werden. Lehne ich viele Menschen in meiner Umgebung ab, dann ist die Reichweite meiner Gefühle in diesen ganzheitlichen Gefühlskörper hinein sehr eng und begrenzt. Kann ich andere Menschen aber akzeptieren, dann fühle ich sie auch. Ich bin bereit, mich mit ihnen zu verbinden, und weite die Reichweite meiner Gefühle aus.

Das Ausmaß, mit dem ich an diesem Gefühlskörper teilnehmen kann, hängt davon ab, wie sehr ich bereit bin, andere Menschen zu akzeptieren und so zu spüren.

Lehne ich einen Menschen ab, dann begründe ich dies zumeist über meinen Verstand. Ich mag diese Person nicht, weil sie bestimmte Eigenschaften zeigt. Auf einer tieferen Ebene betrachtet bringt mich das Zusammentreffen mit diesem Menschen aber mit bestimmten Gefühlen in Verbindung, die ich nicht fühlen möchte. Im Grunde lehne ich also die Gefühle ab, die ich spüre, wenn ich in Kontakt mit dieser Person trete.

Ablehnung eines anderen Menschen beruht vor allem auf den Gefühlen, die er mir gibt und die ich nicht fühlen will.

Wenn ich einen anderen ablehne, grenze ich mich von ihm ab. Die Gefühle können dann nicht mehr frei zwischen uns fließen. Das, was ich dem anderen geben könnte, halte ich so zurück, und es kann darum auch nicht, dem Bambus-Effekt folgend, zu mir zurückfließen. Ausgleich und Harmonisierung zwischen uns beiden können nicht stattfinden. Die Verbesserung unserer Beziehung wird unterbunden.

Wenn ich eine andere Person ablehne, wird der Ausgleich der Energie zwischen uns unterdrückt und die Beziehung kann sich nicht verbessern.

Da sich meine negativen Gefühle nicht ausgleichen können, bleiben sie mir erhalten. Meine Ablehnung führt dazu, dass mein Gefühlskörper klein bleibt: Meine Gefühle haben wenig Raum und können sich nicht weit ausbreiten. Unangenehme Gefühle wie Schmerz werden dabei intensiviert, da sie sich sozusagen konzentrieren und nicht »verdünnen« können. Davon handelt die folgende Geschichte.

Ein Zen-Meister war es leid, die ständigen Beschwerden seines Schülers anzuhören, wie schmerzhaft und anstrengend die täglichen Übungen seien, die er ihnen auferlegte. Als der Schüler eines Morgens wieder davon anfing, schickte ihn der Meister Salz holen. Dann gab er eine Handvoll Salz in ein Wasserglas und ließ es den Schüler trinken. »Wie schmeckt das?«, fragte der Meister. »Bitter und salzig«, lautete die Antwort des Schülers. Da trug der Meister dem Schüler auf, dieselbe Menge Salz in den nahe gelegenen See zu schütten und dann ein Glas Wasser aus dem See zu trinken. Als der Schüler zurückkam, fragte er ihn, wie das Wasser geschmeckt habe. Der Schüler antwortete »frisch«. Das Salz war nicht zu schmecken gewesen. Da nahm der Meister den Schüler an der Hand und sagte: »Der Schmerz in unserem Leben ist wie dieses Salz. Die Menge an Schmerz bleibt immer gleich. Wie wir ihn erleben, hängt allein von uns selbst ab. Bleiben wir innerlich klein wie ein Glas, dann ist der Schmerz bitter und kaum zu ertragen. Das Beste, was du tun kannst, wenn du Schmerz verspürst, ist, dein Gefühl zu erweitern. Sei nicht mehr so eng wie ein Glas, werde weit wie ein See.«

Wachstum, das mir als lebendigem Menschen so natürlich ist wie das Atmen, findet vor allem in meinen Gefühlen statt. Meine Gefühle wollen frei fließen können, um mich mit allen Stimmungen und Empfindungen verbinden zu können. Dann nehme ich meine Umwelt wahr, wachse in sie durch meinen Gefühlskörper hinein und kann auch spüren, welchen Weg ich als Nächstes zu gehen habe. Wenn ich andere ablehne, wachse ich nicht und finde auch nicht meinen Weg.

Jeder hat seinen eigenen lebendigen Weg zum Himmel. Doch solange man den Weg nicht geht, gleicht man einem Betrunkenen, der den einen Weg nicht vom anderen unterscheiden kann. (Meister Mi-an)

Um meinen Weg zu gehen, braucht es den freien Ausgleich meiner Gefühle. Dann wachse ich auch, da ich so meinen Gefühlskörper vergrößere. Die Instanz in mir, die jedoch am wenigsten dazu bereit ist, zu fühlen und zu wachsen, ist mein Ego. Durch seine Bewertungen lehnt es immer wieder andere Menschen ab. Dazu will ich die folgende Geschichte weitererzählen, in der es wieder um den Sack mit Kartoffeln geht, der bereits im letzten Kapitel eine wichtige Rolle spielte.

Der Meister freute sich über seinen Schüler, der gelernt hatte, allen Menschen zu vergeben. Er sagte zu ihm: »Wunderbar! Nimm nun neue Kartoffeln, beschrifte sie mit den Namen der Personen, die dich in der vergangenen Woche beleidigt haben, und leg sie in den Sack.« Der Schüler erschrak, denn er wusste, dass es da schon wieder einige Namen gab. Zweifelnd sagte er zu seinem Meister: »Aber dann beginnt ja alles wieder von vorn. Ich werde immer Kartoffeln im Sack mit mir herumtragen müssen!«

»Das stimmt«, antwortete der Meister. *»Es wird immer Menschen und Situationen geben, die dir missfallen.«*
»Aber ich habe doch keinen Einfluss darauf, was andere sagen oder tun!«, erwiderte der Schüler resigniert. *Der Meister schwieg für einen kurzen Moment und sagte dann: »Die Kartoffeln sind deine ablehnenden Gefühle. Vergiss sie für einen Augenblick, richte deine Aufmerksamkeit nur auf den Sack. Was ist dann der Sack?«* Der Schüler überlegte und antwortete: *»Wenn die Kartoffeln meine Empfindungen und Gefühle sind, dann muss der Sack mein Ego sein. Denn ohne den Sack gibt es keine Kartoffeln … und ohne mein Ego gibt es keine Gefühle!«*
»Was passiert also, wenn du den Sack loslässt?«, fragte der Meister nach. Der Schüler erwiderte: *»Dann können die Leute über mich sagen, was sie wollen, es ist nicht mehr mein Problem.«* Der Meister pflichtete dem Schüler bei und ergänzte: *»Genau, du wirst niemanden mehr finden, dessen Namen du in eine Kartoffel ritzen könntest. Nähre also nicht die Illusion deines Egos. Strebe nicht nach deinem Ich. Wenn du das erkannt und auch wieder losgelassen hast, gibt es nichts mehr, wogegen oder wofür du in deinem Leben kämpfen musst. Du bist dann eins mit dir, der Welt und dem gesamten Universum.«*

Frei von Ablehnungen zu werden macht mich eins mit mir und der ganzen Welt. Und wie gelingt mir dies: eins zu werden? Mit Hilfe meiner Gefühle! Fühlen ist also für unser Ego gefährlich. Denn seine Existenz beruht darauf, abzulehnen, zu bewerten und alles besser zu wissen. Es ist unser Ego, das unseren Verstand zum Werten missbraucht und das uns den Zugang zu unseren Gefühlen versperrt.

Unser Ego will nicht fühlen.

Wenn die Welt unserer Gefühle durch ihre Verbindung zum ganzheitlichen Gefühlskörper unendlich groß werden kann, dann ist dagegen die Welt unseres Egos nur sehr klein, denn es will nicht fühlen und verweigert uns so den Zugang zum Gefühlskörper. Diese Winzigkeit kompensiert es nun in einer immerwährenden Besserwisserei in reinstem Größenwahn. Es plustert sich auf, indem es alles andere schlechtmacht und abwertet, um selbst besser dazustehen. Kraft seiner hochherrschaftlichen Allwissenheit denkt es irrtümlich, es sei dazu in der Lage. Egal, wie mächtig oder erfolgreich ein anderer Mensch auch sein mag, unser Ego ist noch größer. Denn es kann ja auch hier bewerten. Der Chef ist dann völlig unfähig, der Nachbar einfach dumm, die Arbeitskollegen machen nur Fehler, und so weiter.

Um seine Kleinheit zu übertünchen,
wertet unser Ego alles andere ab.

Da es alles überhöht, macht es gern die Mücke zum Elefanten. Dann werden auch seine allerkleinsten Probleme riesengroß, und man bekommt den Eindruck, niemandem auf der ganzen Welt ginge es so schlecht wie unserem armen kleinen Ego. Das ist ja auch klar, denn es dreht sich ja nur um sich selbst und kennt darum nur sich. Seine Welt besteht nur aus ihm selbst. Insofern hat es recht: Auf seiner einsamen Insel geht es wirklich niemandem so schlecht wie ihm.

In seiner winzigen Welt ist das Ego das ärmste Schwein.
Keinem geht es so schlecht wie ihm.

Treten wir in Kontakt mit unseren Gefühlen, dann bekommt unser Ego Angst. Seine kleine Welt gerät in Gefahr, die ja nur auf der Illusion beruht, wie toll und allwissend unser Ego ist. Beim Fühlen würden wir uns mit anderen Menschen verbinden und hätten dann plötzlich eine Vergleichsmöglichkeit. Das Ego müsste dann aber dummerweise erkennen, welchen Blödsinn es mit seinen Bewertungen bisher angestellt hat, denn diese haben (wenn überhaupt) nur in seiner winzigen Inselwelt eine Existenzberechtigung. Also fühlen wir doch lieber nicht! Denn unser Gefühl steht doch offenbar in Verbindung zur Umwelt und damit zur Wirklichkeit und seiner Wahrheit. Deshalb lässt es den Größenwahn des Egos schmelzen wie Schnee in der Sonne.

Unser Ego ist also unser größtes innerliches Hindernis, wenn es ums Fühlen geht. Das Ego möchte nicht, dass wir uns mit unseren Gefühlen verbinden. Dafür gibt es auch noch einen zweiten Grund. Denn im Fühlen lernen wir die Einheit auch von scheinbaren Gegensätzen kennen. Licht und Schatten sind nur die Facetten des einen Ganzen, des Tao, aus dem diese Polarität entsprungen ist.

Die Unterschiede als Gleichheit zu betrachten, das ist wahre Größe. (Laotse)

Die Gegensätze wandeln sich im Spiel der Dualität immer wieder ineinander um. Das ist der normale Lauf dieser Welt. Im Ausgleich fließt das Helle immer wieder ins Dunkle und umgekehrt. Symbolisch wird dies sehr schön im Yin-Yang-Zeichen dargestellt. Und das gilt im Sichtbaren wie auch im Unsichtbaren, in unseren Gefühlen. Auch unsere Gefühle entspringen dem Spiel der Gegensätze und wandeln sich ineinander um. Nehme ich also ein unangenehmes Gefühl wirklich wahr und spüre es, dann hat es endlich die Chance, sich in sein Gegenteil umzuwandeln. Ein angenehmes Gefühl ist das Resultat.

Ein schmerzhaftes, wirklich empfundenes Gefühl verwandelt sich in sein Gegenteil.

Was sich scheinbar so toll anhört, ist für unser Ego jedoch eine Katastrophe. Denn bei dieser Umwandlung bleibt es auf der Strecke. Es ist so starr und fest mit dem negativen Gefühl verbunden, dass es sich nicht von ihm trennen kann. So groß ist seine Freude am Negativen! Es hält das negative Gefühl fest, damit es sich nicht verändert. Sein Trick ist, das Gefühl nicht zu spüren, sondern kurz davor stehen zu bleiben, im Jammern, dass es doch wohl niemanden gibt, dem es so schlecht geht wie ihm. Es überzeichnet auch dieses unangenehme, schmerzhafte Gefühl und setzt seine ganze Macht dazu ein, es nicht zu spüren.

Unser Ego hält an allem Negativen fest, auch an unseren unangenehmen Gefühlen.

Innerlich ist darum dieser Prozess, ein schwieriges Gefühl zu spüren, ein Kampf mit unserem inneren Schweinehund. Auf der einen Seite ist da das fließende Leben, das den natürlichen Ausgleich der Gefühle anstrebt. Auf der anderen Seite unser Ego, das starr und stur dieser harmonisierenden Schwingung entgegensteht. Und das aus gutem Grund. Denn unser Ego klammert sich an dieses Gefühl wie an ein sinkendes Schiff. Es fürchtet, zu sterben und unterzugehen, wenn das Gefühl endlich empfunden wird und sich in sein Gegenteil auflöst. Und das ist auch ganz richtig so. Unser Ego lebt in einer

Scheinwelt, die nur aufrechterhalten werden kann, wenn unser Ego verhindert, dass wir die Wirklichkeit fühlen. Das wirkliche Empfinden eines negativen Gefühls ist für das Ego ein Weltuntergang.

Was für die Raupe das Ende der Welt,
ist für den Rest der Welt ein Schmetterling. (Laotse)

Dieses mystische Bild der Wiederauferstehung kennen viele unserer Kulturen aus unzähligen Überlieferungen. Scheinbar stirbt der Phönix, jedoch nur, um aus der Asche neu geboren zu werden. Schneewittchen liegt hundert Jahre scheinbar tot, bis der Prinz das Mädchen findet und zurück ins Leben küsst. Unser Ego, das sich mit aller Gewalt dagegen wehrt, das Negative (also unsere Ablehnungen) loszulassen, macht beim tiefen Empfinden endlich Platz dafür, dass wir immer mehr Teil unseres ganzheitlichen Gefühlskörpers werden können. Unser innerer Kampf beim Fühlen zwischen Ego und Seele gleicht somit einem Spiegel der äußeren Rivalität zwischen Gut und Böse, Licht und Schatten.

Um Teil des fließenden, ganzheitlichen Gefühlskörpers
werden zu können, muss zuerst die Starrheit
unseres Egos überwunden werden.

Das ist allerdings eine echte Herkulesaufgabe. Es ist der Drache, der getötet werden muss, um die Prinzessin und das Königreich erringen zu können. Es ist, wie Khalil Gibran so richtig meint, nur auf dem Pfad der Nacht die Morgenröte zu erreichen. Um die Demokratie der Gefühle erringen zu können, muss der Tyrann, unser Ego, weichen. Und das tut es natürlich nur unter größtmöglichem Widerstand.

*Unser Ego stirbt beim Empfinden eines schmerzhaften
Gefühls seinen persönlichen Heldentod.*

Dieser innere Kampf ist eine sehr persönliche Sache. Seit meinem ersten Buch über das Fühlen aus dem Jahr 2007, *Fühle mit dem Herzen,* habe ich mit vielen Menschen über die Erfahrung sprechen dürfen, wenn sich die schmerzhaften Gefühle aus ihrem starren Käfig befreien dürfen und sich in Freiheit und Glück verwandeln. Dieser Prozess gleicht dem alchemistischen Streben nach der Umwandlung von Blei in Gold. Er ist beinahe mystisch zu nennen. Aus Sicht des Bambus-Effekts gebe ich meinem ungesehenen Gefühl die Freiheit und erhalte von ihm dann die Freiheit zurück.

*Die Freiheit, die ich meinem unangenehmen Gefühl
schenke, gibt es mir mit vollen Händen zurück.*

Unser Verstand scheut natürlich vor diesem unerklärlichen Vorgang der Verwandlung der Gefühle zurück, und auch unser Gefühl weiß beim ersten Mal noch nicht so recht, was es davon halten soll. Man versteht diesen Vorgang erst aus der gelebten Erfahrung. Unser Schmerz ist, wie Khalil Gibran sagt, »nur das Zerbrechen der Schale, die dein Verstehen umschließt«.
Wie geschieht diese Umwandlung der Gefühle, wie wird ein ungesehenes Gefühl ins Licht gebracht? Die schönste Schilderung eines solchen Geschehens stammt von meiner verstorbenen Frau Bärbel. Sie hat ihn in ihrem Buch *Der kosmische Bestellservice* beschrieben. Weil die Umwandlung der Gefühle dort so schön beschrieben wird, möchte ich ihre Erfahrung hier noch einmal weitergeben.

Nachdem eine langjährige Beziehung mit ihrem Partner zu Ende gegangen war, hatte sie einfach keine Lust darauf, wie bei einer früheren Trennung viele Wochen und Monate Trübsal zu blasen. Und so nahm sie sich, pragmatisch wie sie war, vor, die »Trauerphase« diesmal abzukürzen. Ein Wochenende sollte doch genug sein, fand sie. Also ließ sie an einem Freitagabend die Rollläden an ihren Fenstern herunter, steckte das Telefon aus und legte große Mengen von Taschentüchern bereit. Sie nannte das Ganze dann etwas scherzhaft ihr »Heul-in«. Sie ging die Beziehung noch einmal durch und weinte heftig und herzzerreißend – etwa zehn Minuten lang. Und dann hatte sie – zu ihrer eigenen Überraschung – den größten Lachanfall ihres Lebens. Wie sie erzählte, kugelte sie sich auf dem Boden, und der Bauch tat ihr dabei weh. Aber danach wollte sie natürlich weitertrauern und setzte sich dazu wieder hin. Aber es war nichts mehr da! So sehr sie auch suchte, sie fand keinen Trennungsschmerz mehr in sich. Das Gefühl der Trennung und des Scheiterns dieser Beziehung war durchlebt worden. Es war mit Leben gefüllt. Dazu reichten offenbar schon diese zehn Minuten. Und der Lachanfall brachte das zum Ausdruck: Der Schmerz verwandelt sich tatsächlich in Freude, wenn er wirklich zugelassen wird. Ein schmerzhaftes Gefühl wie hier die Trauer um eine Trennung kann also tatsächlich geheilt werden, wenn es zugelassen wird, und öffnet sich zur Freude.

Was war der Trick bei diesem Erlebnis? Bärbel nahm sich wirklich Zeit und sorgte dafür, dass sie ungestört war. Sie nahm sich fest vor, verpflichtete sich sozusagen selbst, an diesem Wochenende durch das Gefühl von Trennung ganz hin-

durchzugehen. Sie wollte ihren Gefühlen nicht ausweichen und blieb standhaft ihnen gegenüber. Und im Endeffekt wurde sie dann mit ihrem Lachen dafür belohnt. Das Gefühl war durchlebt.
Diese Rahmenbedingungen beim tiefen Empfinden von Gefühlen sind so etwas wie die Grundvoraussetzung für den Erfolg. So viel kann ich sagen. Oft werde ich dann aber darüber hinausgehend weiter gefragt: »Ja, wie geht das denn genau mit dem Fühlen? Wie fühle ich es denn nun richtig?« Solchen Schlaumeiern, die es ganz genau wissen wollen, kann ich nur sagen, dein Gefühl wird es dir schon zeigen. Es ist sogar hinderlich, nach einer Art Checkliste vorgehen zu wollen und sie mit dem Verstand Punkt für Punkt durchzugehen, nach dem Motto: Taschentücher bereit? Check! Fenster verdunkelt? Check! So funktioniert es ganz sicher nicht. Fühlen ist eine Sache zwischen dir und deiner Seele, und dein Verstand ist dabei nur hinderlich. So wie Khalil Gibran sagte: Beim Fühlen wird die Schale unseres Verstandes zerbrochen. Solange wir an ihr festhalten, werden unsere Gefühle nicht frei von dieser Umklammerung.

»Richtig machen« ist ein Thema unseres Verstandes. Fühlen ist, wie es ist. Unser Verstand wirkt da nur als Hindernis.

Schlimmer noch, wenn ich penibel nach Liste alles richtig machen will, bin ich so sehr im Modus »richtig machen«, dass ich den Blick nicht mehr von der Anleitung nehme. Es ist, als wollte ich Auto fahren, und breite die Straßenkarte auf meinem Lenkrad aus. Wenn ich alles richtig machen will, gebe ich dem Fühlen keinen Raum. »Richtig machen wollen« ist darum eher ein versteckter Verdrängungsmechanismus, wenn bei allem scheinbaren Bemühen die Gefühle dann doch nicht wirklich empfunden werden sollen.

Selbstverständlich lernt man auch nicht von heute auf morgen, mit seinen Gefühlen umzugehen. Es ist eher als ein Weg zu sehen, auf dem es uns manchmal besser und manchmal schlechter gelingt. Da unser Ego dabei aber eine so bedeutsame Rolle spielt, hier noch ein Trick, um sich langsam, aber sicher mit ihm näher anzufreunden. Da unser Ego störrisch wie ein Maulesel ist, liegt es nahe, es einmal als einen solchen anzuschauen. Immer wenn du dein Ego und deinen Widerstand besonders stark spürst, nimm einfach auf folgende Weise Kontakt zu ihm auf.

Unser Ego-Esel

Atme ein paarmal ein und aus. Spüre zunächst wieder dein Herz und geh in Kontakt zu ihm. Dann geh in Verbindung zu deinem Ego. Was gaukelt es dir gerade vor? Bist du mal wieder ungerecht behandelt worden? Ist die ganze Welt gemein zu dir? Fühle dieses Gefühl, und dann frage dich, wie sieht dein Esel aus? Sieh ihn vor deinem inneren Auge und betrachte ihn genau. Was tut er gerade? Ist er weit weg, oder schaust du ihm direkt in sein Gesicht? Ist er alt oder jung, groß oder klein, grau oder gefleckt? Geh in Kon-

takt zu ihm und versuche, Freundschaft mit ihm zu schließen. Füttere ihn mit einer Möhre, striegele ihn, streichle ihn. Lässt er dich auf seinem Rücken reiten? Geh innerlich in das Gefühl von liebevoller Akzeptanz, auch für diesen störrischen Teil in dir. Je mehr du dich freundlich mit ihm beschäftigst, umso weniger Scherereien wird er machen.

Da das Ego gern hochherrschaftlich und großspurig agiert, ist es weit entfernt von Demut. Wie könnte es auch, da es immer nur der Größte, Beste, Tollste sein will? Um das Ego zu dressieren, und damit es nicht immer so bockig ist, kann ich mich darum auch in einer Disziplin üben, die ihm gar nicht gefällt: im Verneigen. In früheren Epochen war es ja durchaus üblich, hohen Herrschaften bei einer Audienz Hochachtung zu zollen, indem man sich tief vor ihnen verneigte. In Japan ist das, in etwas abgeschwächter Form, auch heute noch üblich. Da sich die Tiefe der Verneigung vom Rang ableitet, den das Gegenüber besitzt, tauscht man jedoch vorher die Visitenkarten aus. Dann erst ist der Rang bekannt, und die Verbeugung kann stattfinden.
In diesem Sinne: Geben wir Ihrer Majestät, unserem Ego, doch hier und jetzt einmal die ganze Ehre und verbeugen uns vor ihm. Dazu dient die nächste Übung.

Ihre Majestät, das Ego

Nimm auch hier zuerst Kontakt zu deinem Ego auf und stell es dir vor deinem inneren Auge vor. Nun übe dich in Demut und zeige deinem Ego den höchsten Respekt. Verneige dich innerlich vor ihm. Das kann eine einfache Verneigung sein, oder du kannst auch einmal versuchen, dich hinzuknien und den Kopf bis zum Boden zu senken. Wie reagiert dein Ego auf deine Niederwerfungen? Unterstützend kannst du dabei innerlich zu ihm sagen: »Ich verbeuge mich vor dir, lieber Ego-Esel, und übergebe dir alles, was ich dir zu geben habe. Auch ich nehme nun von dir an, was du mir zu geben hast.« So wird die Energie zwischen dir und deinem Ego ausgeglichen, und es bekommt auf einfache Weise, was es will.

Kleine Anekdote am Rande: Diese Übung habe ich immer mit Bärbel praktiziert, wenn wir mal gestritten haben. Dann habe ich mich oft vor ihr verneigt und gesagt: »Bärbel ist lieb, war lieb und wird immer lieb sein.« Dann hat sie meist gelacht, und der Streit war beigelegt. Merke: Diese Übung funktioniert mit dem eigenen Ego genauso gut wie mit dem

Ego anderer Menschen. Auf jeden Fall ist das jeweilige Ego sehr entzückt von so viel Ehrerbietung.
Ganz nebenbei lernen wir hier den Bambus-Effekt noch einmal anders kennen. Ich gebe meinem Ego die höchste Ehre, indem ich mich verbeuge. Diese Gabe sollte ich doch nun ebenfalls zurückerhalten. Aber wie? Es gelingt tatsächlich, da der Gefühlskörper in seinen Gegensätzen verbunden ist. Wenn ich es ertrage, mich ganz klein zu machen, sogar vor meinem Ego oder einem anderen Menschen, mit dem ich streite, dann fühle ich diese Kleinheit in mir ganz und eröffne damit ihr Gegenteil, die eigene Größe. Laotse war dies sicher bereits wohlbekannt.

Warum ist das Meer der König aller Flüsse und Ströme?
Weil er niedriger liegt als sie. (Laotse)

Im Gegensatzkörper unserer Gefühle braucht es die Demut, um wahrhaft machtvoll sein zu können. Je kleiner und unwichtiger ich mich nehmen kann, desto mehr eröffnet mir die gewonnene Demut dann auch meine wirkliche Größe.

Um in die Größe meines Gefühlskörpers
hineinzuwachsen, braucht es die Demut,
mich auch klein machen zu können.

Eines Tages ritt ein Samurai auf seinem Pferd durch den Wald. Er war ein mächtiger Krieger, aber er hatte gerade eine Schlacht verloren. Jetzt war er außer sich vor Wut, schämte sich zutiefst, weil er sich als Versager empfand, und fand sich selbst des Lebens nicht mehr würdig. In schlimmen Gedanken versunken, schnaubend und brüllend, überquerte er gerade einen verschlungenen Weg, als er plötzlich etwas auf dem Boden liegen sah. Tatsächlich lag dort ein kleiner Spatz auf dem Rücken und streckte seine beiden winzigen Füßchen zum Himmel empor. »Was machst du denn da? Geh mir aus dem Weg, du nichtsnutziger Vogel!«, rief der Samurai verärgert. »Ich kann nicht!«, antwortete der kleine Spatz gelassen und sehr selbstbewusst. »Ich habe eine wichtige Aufgabe zu erfüllen. Ich kann hier nicht weg! Man hat mir gesagt, dass der Himmel heute auf die Erde fallen wird. Also liege ich jetzt hier und warte, bis es passiert. Und dann werde ich ihn mit meinen Füßen auffangen!«, erklärte der kleine Vogel mit ernster Miene. »Was?«, schrie der Samurai und lachte laut auf. »Du kleiner Vogel willst den Himmel mit deinen Füßen halten?« Beherzt antwortete der kleine Vogel: »Tja, man tut, was man kann.«

Schmerzhafte Gefühle, die wir verdrängen und lieber nicht empfinden und anschauen wollen, haben häufig ihren Ursprung in unserer Jugend und Kindheit. Besonders die ersten drei Jahre der Kindheit prägen uns und sind ausschlaggebend für unsere weitere Herangehensweise an das Leben. Hier bilden sich auch unser Ego und seine Struktur aus. Welches Gefühl hattest du als kleines Kind in den ersten drei Jahren deines Lebens? Schreib es dir doch einmal auf!

Unsere ersten Jahre

Bei dieser Übung lade ich dich ein, in die ersten Jahre deiner Kindheit zurückzuschauen. Erinnere dich, vielleicht mit Hilfe alter Fotos, an deine ersten Lebensjahre. Wie hast du damals ge-

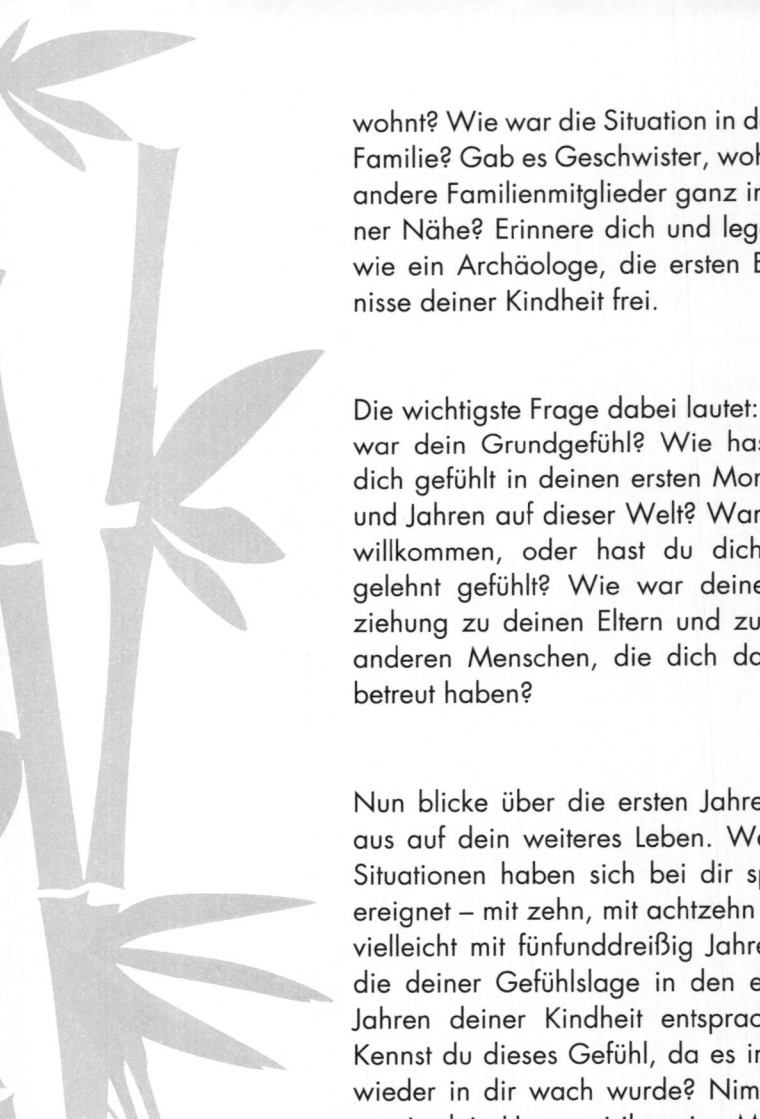

wohnt? Wie war die Situation in deiner Familie? Gab es Geschwister, wohnten andere Familienmitglieder ganz in deiner Nähe? Erinnere dich und lege, so wie ein Archäologe, die ersten Erlebnisse deiner Kindheit frei.

Die wichtigste Frage dabei lautet: Wie war dein Grundgefühl? Wie hast du dich gefühlt in deinen ersten Monaten und Jahren auf dieser Welt? Warst du willkommen, oder hast du dich abgelehnt gefühlt? Wie war deine Beziehung zu deinen Eltern und zu den anderen Menschen, die dich damals betreut haben?

Nun blicke über die ersten Jahre hinaus auf dein weiteres Leben. Welche Situationen haben sich bei dir später ereignet – mit zehn, mit achtzehn oder vielleicht mit fünfunddreißig Jahren –, die deiner Gefühlslage in den ersten Jahren deiner Kindheit entsprachen? Kennst du dieses Gefühl, da es immer wieder in dir wach wurde? Nimm es nun in dein Herz, sei ihm eine Mutter, und schenk ihm heute die Geborgenheit, die es immer gesucht hat.

Dieses erste Gefühl unserer frühen Lebensjahre wird als »Lebensurgefühl« auch in späteren Jahren und Beziehungen zu anderen Menschen immer wieder auftauchen. Es ist als Blaupause zu sehen, die ich über alles lege, was mir in meinem späteren Leben begegnet. Es ist so etwas wie eine Form, in die ich hineingeboren wurde. Und aus der ich mich hinausentwickeln kann, was ich als eine unserer grundlegendsten Lebensaufgaben beschreiben möchte. Es ist die Stärke, mich diesen Gefühlen zu stellen und aus ihnen hinauszuwachsen. Es ist die Stärke, der Prägung (und den Egos) meiner Familie zu entwachsen und mich aus mir selbst zu definieren: als das, was ich wirklich bin. Und nicht das zu bleiben, was den Wurzeln meiner Familie als Thema entspricht. Die Themen meines Lebens sind auch Familienthemen meiner Vorfahren, da ich im Gefühl in den ersten Lebensjahren geprägt wurde. Diese Gefühle sind nicht wirklich meine, ich kann sie aber trotzdem fühlen und sie dabei verwandeln.

Oft rufen Menschen, mit denen ich zu tun habe, solche unerlebten Gefühle meiner Kindheit wach. Ich reagiere mit Ablehnung, da ich die alte Verletzung nicht spüren möchte. Als Erstes sollte ich mir dieser Fluchtreflexe bewusst werden und einfach auf meinen Atem achten. Wie atme ich? Oftmals erlebe ich bei solchen Situationen, dass ich gar nicht mehr atme, sondern die Luft anhalte. Es ist, als würde ich versuchen, mich auf diese Weise unsichtbar zu machen. Wenn ich nicht atme, kann der andere Mensch mich nicht hören, also verstecke ich mich auf diese Weise vor ihm.

Wenn ich atme, kehre ich ins Leben zurück. Das ist der zweite Schritt. Ich bin noch da, ich lebe noch. Ich darf atmen. Ich sammle Kraft. Und nun, drittens, kann ich mich fragen: Wie ist mein Gefühl diesem Menschen gegenüber? Und dieses Gefühl nehme ich dann wieder an und spüre es.

Dort, wo wir, aus welchem Grund auch immer, uns als Kind nicht ganz angenommen und akzeptiert fühlen, da entsteht in uns, im Gefühlskörper, unsere erste Verletzung. Und wenn diese erste Verletzung heilt, indem wir sie immer mehr zu spüren wagen, wachsen wir genau dort in unser Potenzial hinein. Denn oft liegt gerade dort, wo wir am wenigsten damit rechnen, unser wertvollster Schatz vergraben.
So sind unsere unangenehmen, verletzten Gefühle besonders wichtig. Meist verstecken wir sie in uns, da wir sie am wenigsten fühlen wollen. Jeder Mensch hat ein besonderes, unangenehmes Gefühl, das er in seinem Leben immer wieder spürt. Es scheint so, als würde die Außenwelt uns dort unglücklich machen, im Grunde ist es aber der Ort unserer ersten Verletzung, die nur immer wieder von außen wachgerufen wird. Eben weil wir dort besonders verletzt sind, reagieren wir auch besonders empfindlich. So ähnlich, als hätte ich einen blauen Fleck am Knie, und immer wenn ich dort auch nur ganz leicht berührt werde, tut es weh. Das liegt aber am blauen Fleck, nicht an dem Menschen, der mich dort – meist unabsichtlich – früher einmal berührt hat.
Hier noch ein paar Bemerkungen zum Thema Eltern. Denn meine Worte könnten an dieser Stelle vielleicht missverstanden werden. Es geht mir nicht um Schuldvorwürfe den Eltern gegenüber, nach dem Motto: »Wenn meine Eltern sich nur mehr geliebt hätten, dann wäre mir einiges erspart geblieben.« Ganz im Gegenteil: Auch unsere Eltern hatten Vater und Mutter und Großeltern und eine ganze Reihe von Vorfahren. Ihre Lebensbedingungen waren sehr viel schlechter als heute, und der letzte große Krieg liegt nur wenige Generationen zurück. Heutzutage können sich junge Menschen (glücklicherweise) kaum noch vorstellen, wie hart und erbarmungslos die Lebensumstände noch vor hundert Jahren bei

uns in Europa waren. Auch wenn meine eigenen Kinder mit ihren fünfzehn Jahren gerade den Zweiten Weltkrieg in der Schule behandeln: Es ist einfach etwas anderes, über die damalige Zeit nur zu lesen.

Unsere Eltern konnten uns nur die Liebe geben, die ihnen selbst zur Verfügung stand. Und ich bin sicher, jeder Vater und jede Mutter geben ihr Bestes. Für mich war es eine wichtige Erfahrung, selbst Kinder zu bekommen und erziehen zu dürfen, denn seit diesem Moment sehe ich meine eigenen Eltern mit ganz anderen Augen. Auch ich gebe mein Bestes, und doch, da bin ich mir sicher, perfekt werde auch ich nicht sein können. Auch ich bin limitiert, als Mensch, der ich nun mal bin, auch ich stehe vor meinen persönlichen Grenzen, und auch ich kann meinen Kindern nur geben, was mir selbst zur Verfügung steht.

Und genau dies ist auch der Weg, den jedes Kind auf dieser Welt zu gehen hat. Es bekommt von der vorherigen Generation alles mit, was möglich ist. Die meisten Eltern wollen vor allem, dass es ihrem Kind besser geht. Ich erinnere mich noch gut an die lange Diskussion zwischen meinen Eltern, als es darum ging, ob ich im Alter von zehn Jahren aufs Gymnasium gehen solle. Damals hatte mein Vater, der Lokführer war, gerade eine berufliche Weiterbildung zum Ingenieur begonnen, und unsere Familienkasse war darum recht leer. Für die höhere Schule mussten die Bücher selbst bezahlt werden, was bei unserem kleinen Budget eine große Herausforderung darstellte. Meine Eltern ließen mich dann aber doch auf das Gymnasium gehen, und das, obwohl meine Leistungen in der Grundschule nicht wirklich herausragend waren. Damals wurden die Weichen gestellt, damit ich das Abitur machen und später studieren konnte. Heute habe ich einen Doktortitel in Chemie. Dies wäre kaum möglich gewesen ohne das große finanzielle Opfer meiner Eltern zu jener Zeit. Dafür bin ich den beiden heute noch sehr dankbar.

Wir leben hier in Europa in einer wunderbaren, friedlichen Zeit. Der aktuellen Generation ist es möglich, viele Verletzungen zu heilen, die in unserer Ursprungsfamilie schon seit Generationen vorhanden sind. Während unsere Großeltern oft noch ums Überleben kämpfen mussten und Arbeitszeiten von zwölf Stunden pro Tag nach dem Krieg noch die Regel waren, genießen wir heute die Vorzüge eines modernen Sozialsystems, und viele haben eine Vierzig-Stunden-Woche. Unsere Grundbedürfnisse sind befriedigt: Die allermeisten von uns haben genug zu essen und zu trinken und eine sichere Behausung. An dieser Stelle lohnt ein Blick auf die Bedürfnispyramide von Abraham Maslow (siehe Literaturhinweis). Er hat die menschlichen Bedürfnisse in Form einer Pyramide dargestellt. Zuunterst findet man die physiologischen Bedürfnisse: Essen, Trinken und Schlaf. Dann folgen die Bedürfnisse nach Sicherheit und sozialen Kontakten. An der Spitze dieser Pyramide folgen dann individuelle Bedürfnisse und dann die Selbstverwirklichung.

Betrachtet man diese Pyramide, so lässt sich erkennen: Auf der soliden Basis der unteren Stufen kann unsere heutige Generation nun etwas leisten, was in früheren Epochen noch als undenkbar erscheinen musste: Heute können wir uns, vielleicht zum ersten Mal in unserer Geschichte, wirklich in großem Umfang um unsere Selbstverwirklichung kümmern. Und das heißt zunächst: Wir können entdecken, wer wir wirklich sind. Unsere Vorfahren haben uns dazu die Steigbügel gehalten und uns alles dazu mitgegeben, was ihnen zur Verfügung stand.

Dazu gehört auch, dass wir nun endlich auch die Verletzungen heilen können, die sich schon lange in unserer Familienwurzel befinden. Eng damit in Zusammenhang steht dabei die Arbeit mit unseren unglücklichen, traurigen und verletzten Gefühlen. Heute können wir damit etwas leisten, was früheren Generationen einfach noch unmöglich war. Denn sie mussten noch um ihr Überleben kämpfen. Und niemand hatte überhaupt eine Idee, was Selbstverwirklichung eigentlich sein könnte.

Die frohe Botschaft lautet darum: Viele von uns haben heute die Mittel, das Bewusstsein und die notwendige Kraft, unseren Weg zur Selbstverwirklichung zu gehen. Wir tun dies für uns, um unsere unglücklichen Gefühle zu heilen und ein glückliches Leben führen zu dürfen. Wir tun dies aber auch für unsere Kinder, die auf diese Weise davon erlöst werden, die Probleme unserer Familienwurzel immer noch weiter mit sich schleppen zu müssen. Denn je mehr Liebe und Selbstwert ich in mir entdecke und kultiviere, desto mehr kann ich davon auch an meine Sprösslinge weitergeben.

Schließlich tue ich diese innere Arbeit aber auch für meine Ahnenreihe, die vor mir gelebt hat. Aus dem Familienstellen ist bekannt, dass unsere Verbindung zu unseren Großeltern bestehen bleibt, egal, ob sie nun noch leben oder bereits gestorben sind. Wir besitzen dieselben Gene und haben viele ihrer Prägungen und Glaubenssätze übernommen. So, wie wir aus ihnen hervorgegangen sind, so stehen wir auch rückwirkend in engem Kontakt zu ihnen. Wir stehen zu ihnen in Verbindung, und eine Heilung, die wir in uns erzielen können, wirkt auch auf sie zurück.

DIE BAMBUS-ESSENZ

So, wie es für eine Pflanze wie den Bambus ganz natürlich ist, zu wachsen, so besitzen auch unsere Gefühle einen starken Trieb zum Wachstum in sich. So, wie eine Pflanze verdorrt, wenn sie niemals ans Licht gestellt wird, so verkümmern auch unsere Gefühle, wenn wir sie nicht beachten und sie zu einem Schattendasein verdammen.

Der natürliche Impuls jedes unserer Gefühle ist es, zu wachsen.

Damit ein Gefühl wachsen kann, braucht es, so wie eine Pflanze, Raum, um sich entfalten zu können. Diesen Raum schenken wir unseren Gefühlen, indem wir sie spüren. Dies allein lässt sie sich entfalten, da wir sie durch unser Spüren mit Leben füllen.

Jedes Gefühl, das wir spüren und dem wir damit Raum geben, wächst.

Sozusagen als Dankeschön für diesen Raum, den wir dem Gefühl geben, schenkt es auch uns mehr Freiheit. Wir werden fühlender und bewusster und wachsen dann auch selbst immer mehr in den Gefühlskörper hinein, der uns mit allem verbindet, was uns umgibt. Dort, wo wir uns um unsere kleinsten und am wenigsten beachteten Gefühle kümmern, indem wir sie spüren, machen wir uns selbst klein. Denn sind wir mit ihnen verbunden, sind wir für einen Augenblick wie sie: klein und unwichtig. Und da der Gefühlskörper ein Gegensatzkörper ist, werden wir dabei innerlich umso größer, je kleiner wir uns machen und fühlen können.

Je kleiner und demütiger wir uns im Gefühl machen können, umso mehr wachsen wir in unsere wahre Größe.

7. Einfach Bambus sein genügt

Ein Bambus ist einfach, was er ist.
Steh auch du zu deinen Gefühlen.
Du bist, was du fühlst.

> *Der Regen hat aufgehört, die Wolken haben sich*
> *verzogen, der Himmel ist wieder klar.*
> *Ist dein Herz rein,*
> *dann sind auch alle Dinge deiner Welt rein.*
> *Gib diese vergängliche Welt auf, gib dich selbst auf.*
> *Dann werden Mond und Blumen*
> *dir den Weg weisen. (Meister Ryokan)*

In seiner einfachen Struktur ähnelt die Bambuspflanze einem Baukastensystem, in dem immer dieselben Hohlräume aufeinander im Stamm abfolgen. Die Anordnung der Hohlräume wiederholt sich immer wieder. Im Zen-Buddhismus wird der Bambus gerade wegen dieser Einfachheit schon lange verehrt. Bereits ab dem 10. Jahrhundert wurden in China und Japan Räume in Klöstern mit Bildern des Bambus dekoriert. Seit dieser Zeit repräsentiert er als einer der drei Reinen (zusammen mit alten Bäumen und Felsen) hohe ästhetische Werte. Um diese inneren Eigenschaften des Bambus ebenfalls zu erlangen, versuchen ihm seit alters her viele Klosterschüler durch Meditation und Zeichnung nahezukommen. Viele Gedichte und Malereien zum Bambus aus der buddhistischen Tradition bezeugen diese Suche. Im Chinesischen gibt es sogar eine Redewendung, die besagt, »diese Sache ist genauso einfach zu erledigen, wie es gelingt, einen Bambus zu spalten«.

Das nun folgende Kapitel handelt von einer Eigenschaft des Bambus, die vielleicht auf den ersten Blick belanglos erscheinen mag: die Einfachheit. Ein Bambus ist, wie er ist. Was sollte er auch sonst sein? Er steht mit seinen Wurzeln fest im Boden und trotzt gelassen und elastisch der Witterung. Ein Bambus ist ein Bambus. Er zerbricht sich nicht fortwährend den Kopf darüber, ob er nicht besser etwas anderes sein sollte. Etwa eine Birke, eine Tanne oder eine Eiche. Wie wir Menschen es nur allzu oft tun.

Denn oft glauben wir, anders sein zu müssen, als wir wirklich sind. Und wir meinen in diesen Augenblicken, nicht gut genug zu sein, so, wie wir sind. Die Reichweite dieser Problematik zeigt sich, wenn ich beispielsweise das erste Mal zu den Eltern einer neuen Freundin eingeladen werde. Dann frage ich sie bestimmt vorher, wie ihre Eltern denn so sind und wie ich mich ihnen gegenüber verhalten soll. Und dann sagt meine Freundin vielleicht: »Ach, mach dir keine Sorgen. Sei einfach du selbst!« Kannst du dich an deinen ersten Besuch dieser Art noch erinnern? Machen wir doch wieder eine Übung daraus:

Der Besuch bei den Schwiegereltern

Bestimmt hast du in deinem bisherigen Leben das eine oder andere Mal die zweifelhafte Gelegenheit gehabt, die Eltern eines neuen Beziehungspartners kennenzulernen. Eure Beziehung geht nun schon eine Weile, und sie hat sich so weit gefestigt, dass der Wunsch entsteht, sich den Eltern vorzustellen. Geh einmal in Gedanken zurück zu einem solchen ersten Treffen. Welche Gedanken gehen dir durch den Kopf? Was ziehe ich an? Worüber reden wir? Was sind die Hobbys der Eltern, was könnte sie interessieren? Schreib dir auf, was dir vor diesem Erstbesuch durch den Kopf ging und wie das Treffen dann verlaufen ist.

Hand aufs Herz: Warst du wirklich du selbst? Schauen wir doch mal. Hast du deine Lieblingsklamotten angezogen, in denen du dich am wohlsten fühlst? Nein, sicherheitshalber wohl eher etwas Neues und Schickes. Hast du in den Gesprächen wie mit deinen besten Freunden geredet, so, wie du nun mal bist? Nein, lieber warst du vorsichtig, hast dich an die Themen deiner Gastgeber angepasst und vor allem versucht, einen guten Eindruck zu machen. Denn deiner

Freundin/deinem Freund zuliebe wolltest du dich natürlich von deiner besten Seite zeigen. Aber warst du dabei wirklich du selbst?

*Es fällt uns häufig sehr schwer,
einfach und natürlich zu sein.*

Offenbar ist solch ein Erstbesuch alles andere als einfach! Aber ganz allgemein sind wir nicht nur bei solch einem für uns extrem wichtigen Treffen sehr angepasst, sondern wir spielen auch in den meisten anderen unserer Lebensumstände bestimmte Rollen. Im Job wollen wir als zuverlässig und eloquent gelten und geben uns in dieser Hinsicht besondere Mühe. Wir pflegen den Nachbarn und anderen Menschen gegenüber bestimmte Umgangsformen der Höflichkeit, um ein gesellschaftliches Miteinander zu ermöglichen. Die verschiedenen Rollen, in die wir schlüpfen, sind uns so zur zweiten Natur geworden, dass wir manchmal gar nicht mehr wissen, wer wir wirklich sind.
Viel zu oft kritisieren wir uns selbst. Wir denken dann, wir müssten klüger, erfolgreicher, charmanter und manchmal vielleicht auch durchsetzungsfähiger im Umgang mit anderen Menschen sein. Dann schimpfe ich über mich selbst, weil ich wieder einmal beim Meeting mit meinem Chef zu schüchtern war und nicht zeigen konnte, was ich alles geleistet habe. Oder ich traue mich wieder nicht, den netten Kollegen anzusprechen, auf den ich schon lange ein Auge geworfen habe. Und ich mache mir wegen meiner Unfähigkeit noch tagelang Vorwürfe.

Oft kritisieren wir uns für unser Verhalten. Dann sind wir mit uns und dem, was wir sind, unzufrieden.

Also nehmen wir uns vor, beim nächsten Mal »anders« oder »besser« zu sein. Denn so, wie wir uns offenbar verhalten haben und wie wir also nun mal sind, halten wir uns für nicht gut genug. Aber wer sagt das eigentlich? Vor welcher Bewertungsskala halten wir immer wieder selbst nicht stand? Etwa vor unserer eigenen?
Wir haben bereits früher über die Eigenschaft unseres Egos gesprochen, andere Menschen schlechtzumachen, damit es selbst besser dasteht. Es erhebt sich damit über andere. Doch damit ist es dem Ego noch lange nicht genug. So verrückt es klingt, es stellt auch überhöhte und nicht erfüllbare Anforderungen an uns selbst. Denn in den Augen unseres Egos sind wir selbst ebenfalls nicht gut genug.

In den Augen unseres Egos sind auch wir selbst häufig nicht gut genug.

Unser größter Kritiker sind wir selbst. Das Ego bewertet und verurteilt andere anhand von unerfüllbaren Maßstäben, die es selber setzt. Und nicht einmal wir selbst bestehen vor seinem kritischen Blick. Schauen wir doch einmal genauer hin. Wo hast du dich selbst schon einmal kritisiert, und wo tust du es vielleicht noch heute?

Wo bist du nicht gut genug?

Machen wir die Probe aufs Exempel. Schreib dir bitte auf, wo du in deinen Augen in der Vergangenheit aus deiner Sicht falsch gehandelt hast. Wo hast du etwas Falsches gesagt? In welcher Situation hast du falsch gehandelt? Wofür kasteist du dich heute noch, dass du es nicht getan hast? Du merkst schnell, wie viel dir jetzt sofort von ganz allein einfällt. Mach dir hier eine Liste deiner gröbsten Verfehlungen, deiner Mängel und Unarten.

Ist das nicht erschreckend? Da haben wir uns in der Vergangenheit so verhalten, wie wir halt damals waren – unerfahren, naiv, schüchtern –, und kritisieren uns heute noch dafür. Unser Ego macht in seinem Größenwahn nicht einmal vor uns selber halt. Niemand kann den überhöhten Anforderungen unseres Egos genügen. Nicht einmal wir selbst.
Für mich ist dies der Beweis: Wir sind nicht unser Ego. Das Ego tut nur so. In Wirklichkeit steht es außerhalb von uns, so wie ein selbstverliebter Berater, der uns immerfort nur schlechte Tipps gibt. Im wirklichen Leben hätte ich so einem Kerl schon lange gekündigt.
Es will nicht etwa uns mit seinen Vergleichen überhöhen, sondern nur sich selbst. Es sind seine Vorstellungen davon, wie viel besser, größer, schöner oder klüger wir sein sollten,

und nicht unsere eigenen. Es zieht uns so in seinen Bann, dass wir seine Tricks gar nicht mehr bemerken. Andere sind ihm nicht gut genug, aber wir selbst leider auch nicht. Das klingt nicht nur sehr ungesund, das ist es auch!
Denn was geben wir, wenn wir unserem Ego glauben, unablässig uns selbst? Anfeindung, Überforderung und Ablehnung. Wir sind nicht gut genug. Und zwar nie. Aber hat uns der Bambus-Effekt nicht gezeigt, dass wir das zurückerhalten, was wir anderen geben? Und nun üben wir andauernde Kritik an uns selbst? Das kann doch nicht gutgehen!

Solange wir den Maßstäben unseres Egos folgen, machen wir uns selber klein.

Was können wir also tun, um der Tyrannei unseres Egos zu entkommen? Ganz einfach: Wir nutzen den Bambus-Effekt, wenden ihn diesmal aber nicht auf jemand anderen an oder auf Menschen, die für uns schwierig sind. Hier, auf der letzten und höchsten Stufe, wenden wir ihn auf die Person an, mit der wir das ganze Leben am meisten verbunden sind: auf uns selbst!
Die drei Schritte dazu kennen wir ja bereits:
1. Ablehnungen erkennen: Diesmal handelt es sich um die Kritik und Selbstverurteilung meiner selbst.
2. Wege entdecken, Akzeptanz zu entwickeln: Ich lerne, mich selbst gut und in Ordnung zu finden, so wie ich bin.
3. Dem anderen geben, was nötig ist: An dieser Stelle, bei mir selbst, ist es praktizierte Selbstliebe.

An früherer Stelle hatte ich bereits erwähnt, dass ein anderer Mensch sich in seinem Verhalten mir gegenüber nur dann verändern kann, wenn ich ihn akzeptiere, so wie er ist. Wenn ich ihn ablehne, dann kann sich unsere Beziehung nicht verbessern. In ganz ähnlicher Weise verhält es sich nun mit der Beziehung, die ich mit mir selbst habe. Die viel zu hohen Anforderungen meines Egos führen dazu, dass ich all die kritikwürdigen Punkte an mir selbst ablehne. Um die Beziehung zu mir verbessern zu können, geht kein Weg daran vorbei, mich so zu nehmen, wie ich bin. Wenn ich lerne, mich zu akzeptieren, gebe ich mir selbst endlich das Gute, das mir mein Ego schon so lange vorenthalten hat. Mich selbst zu lieben bedeutet in anderen Worten, mich zu akzeptieren, mit all meinen Mängeln und Unfähigkeiten. Ich bin einfach so, und ich stehe dazu.

Mich selbst zu lieben bedeutet,
mich so zu akzeptieren, wie ich einfach nun mal bin.

Dich lieben, wie du bist

Nimm bitte noch einmal die Bestandsaufnahme der letzten Übung »Wo bist du nicht gut genug?« zur Hand. Wähle nun aus deiner Aufzählung eine deiner kritikwürdigen Eigenschaften. Vielleicht deine Vergesslichkeit, deine Ungeschicklichkeit oder dein Hang, manchmal zu viel zu reden. Wie schon bei der Übung »Mutter sein für dein Gefühl« wirst du nun zur Mutter für diese »Unart«. Leg also bitte wieder beide

Hände auf dein Herz und spüre deinen Herzschlag. Stell dir vor, du wärst ein kleines Kind, das manchmal Sachen vergisst, ungeschickt ist und gelegentlich eine riesengroße Plaudertasche sein kann. Nimm jede deiner angeblich so schlechten Eigenschaften an und nimm sie in dein Herz, als wären sie alle kleine Kinder deiner selbst, die etwas angestellt haben. Sag ihnen: »Ist ja gut, mein Kleines, ich schließe dich in meine Arme. Ich liebe dich so, wie du bist.« Nimm nun deinen nächsten Fehler in dein Herz, bis du alle diese Kinder akzeptiert hast, wie sie sind.

Am besten machst du diese Übung eine Zeitlang jeden Abend. Vielleicht hast du Freude daran, eine Art Selbstliebe-Tagebuch anzulegen. Setz dich dann am Ende des Tages einige Minuten hin, und schreibe dir auf, wofür du dich heute wieder kritisiert und verurteilt hast. Nimm jede dieser scheinbar so verdammungswürdigen Eigenschaften in dein Herz und schließe sie in deine Arme.

Wenn wir uns akzeptieren, entkommen wir der Tyrannei unseres Egos. Wir können endlich so sein, wie wir sind. Dann müssen wir uns nicht mehr mit anderen vergleichen und danach streben, perfekt oder beneidenswert zu sein. Selbstliebe ist der Schlüssel, mit dem wir erkennen: Wir dürfen auch falsch sein, anders oder nicht richtig.

Das Gute, das wir uns geben, wenn wir uns selbst lieben, erhalten wir nach dem Prinzip des Bambus-Effekts auch wieder zurück. Die Liebe macht uns charismatisch und anziehend für andere Menschen. So, wie andere uns freundlich behandeln, wenn wir ihnen zulächeln, wirkt auch die Liebe zu uns selbst und schenkt uns freundliche Begegnungen.

Das, was ich in diesem Moment gebe,
erhalte ich in meiner Zukunft zurück.

Dies ist der Bambus-Effekt in seiner einfachsten Form. Und dieses Prinzip ist uns durchaus bewusst. Beim Besuch bei den Schwiegereltern bin ich besonders höflich aufgetreten, um höflich behandelt zu werden. Im Job verhalte ich mich besonders tatkräftig, um eine gute Bezahlung zu erhalten. Und so weiter. Ganz oft geben wir etwas Gutes, um etwas für uns Vorteilhaftes zurückzuerhalten. Schauen wir uns dieses Prinzip auch einmal als Übung an:

Das Gute geben

Bitte schreib dir auf, wo du dir in deinem Leben besondere Mühe gibst. Wo bist du besonders gut, wo gibst du dir besondere Mühe, weil es dir von Nutzen ist? Wo säst du einen Keim, damit er später aufgeht? Die Arbeitsstelle haben wir ja bereits erwähnt. Meinen Kindern bin ich ein gutes Vorbild, damit sie später selbst gute Eltern sein können. Meine Partnerin behandle ich gut, damit sie es auch zu mir ist. (In Amerika gibt es das Sprichwort: »Happy wife – happy life«.) Ich pflege und warte mein Auto, damit es gut funktioniert. Ich verschönere mein Haus, damit ich mich darin wohlfühle. Ich lade Freunde ein, damit ich es nett mit ihnen habe. Merkst du, wie lang diese Liste wird? Es ist ganz einfach, denn dieses Prinzip wirkt überall. Alles ist von diesem Prinzip durchwoben.

Auf der materiellen Ebene unseres täglichen Lebens nutzen wir den Bambus-Effekt also fortwährend. Wir sind dort besonders freundlich, wo wir uns eine freundliche Begegnung erhoffen, etwa bei neuen Kollegen, neuen Nachbarn oder eben den künftigen Schwiegereltern. Wo wir etwas vom Leben zurückbekommen möchten oder, anders formuliert, wo wir gern etwas nehmen möchten, sollten wir es zuerst geben.

Wo man nehmen will, soll man geben. (Laotse)

Tauchen in meinem Leben Probleme auf, dann erkenne ich: »Aha, das Leben gibt mir gerade etwas, was mir nicht gefällt.« Um stattdessen etwas Besseres zu bekommen, gebe ich also auch hier das Gute zuerst.

*Gibt das Leben dir nicht, was du erwartest,
dann gib es dem Leben zuerst.*

Diese Form des Bambus-Effekts ist die grundsätzlichste und liegt damit am weitesten entfernt von der Ebene unseres Verstandes. Einem anderen Menschen kann ich etwas geben, das ist ja noch irgendwie verständlich. Meinen Gefühlen kann ich etwas geben, ich kann sie spüren und miterleben, wie sie sich dabei ausgleichen und verbessern. Ich kann auch mich selbst lieben und mir geben, was ich benötige. Aber dem Leben – wem oder was soll ich denn da etwas geben?
Es ist wirklich einfach, dem Leben etwas zu geben. Es ist uns sogar ganz selbstverständlich und ständiger Teil unseres täglichen Handelns. Wir sind immer in irgendeinem inneren Zustand und wirken damit auf unsere Umwelt ein.

Wir wirken unablässig auf unsere Umwelt ein.

Schauen wir aber (nur für einen Augenblick) genauer hin: Welchen inneren Zustand habe ich im Verlauf eines Tages? Ich schimpfe über meinen Chef, klage über meinen Kollegen, kriege zu wenig Gehalt, habe einen doofen Nachbarn und eine Partnerschaft, die mich nicht erfüllt. Was gebe ich durch meinen Zustand also meinem Chef, meinem Gehalt, meinem Partner? Es ist das ständige: »Das ist nicht genug!« Und über meine Gefühle transportiere ich diese Haltung in die Welt hinaus.

Jedes Gefühl von »Nicht genug«, das ich in meine Umwelt hinaus verströme, erhalte ich unablässig von meinem Leben zurück.

Kommt dir das bekannt vor? Dann ändern wir doch unsere innere Haltung. Im Mittelpunkt steht dabei die Frage: »Was gebe ich durch meinen inneren Zustand in mein Leben hinein?« Habe ich erkannt, dass dies ein immerwährendes Nichtgenug ist, dann kann ich fragen: »Und wie kann ich, auf einfache Weise, meinen inneren Zustand langfristig verbessern?« Als ersten Schritt übe ich mich in Dankbarkeit!

Dankbarkeit ist das Gedächtnis des Herzens. (Laotse)

Sage ich dem Leben »danke«, erhalte ich ein »Danke« von ihm zurück. Sage ich danke, dann verschenke meine Gaben, das Gute, das mir zur Verfügung steht. Das schlichte Wort danke ist getragen von einer inneren Haltung der liebevollen Akzeptanz.

Dankbarkeit

Verbinde dich mit deinem Herzen. Nun stell dir vor, in deinem Herzen gäbe es einen Ort, an dem du mit der Schöpfung in Verbindung treten kannst, um ihr dankbar zu sein. Ist es eine Kapelle, eine Stelle in der Natur? Such dir hier einen schönen Platz, an dem du diese Übung machen möchtest. In deinem Herzen stell dir nun die Frage: »Wofür in meinem Leben bin ich wirklich und aufrichtig dankbar?« Lass die Ideen dazu einfach aus dir herausfließen. Deine Partnerschaft, deine Kinder und Familie, deine Arbeit, dein persönliches Glück. Wofür bist du von Herzen dankbar? Schick diesen Dank in den Himmel. Wenn du magst, schreib dir danach auf, was dir alles eingefallen ist. Gern kannst du diese Liste auch immer wieder zur Hand nehmen und durch neue, aktuelle Punkte ergänzen. Es gibt so unendlich viel, wofür man dankbar sein kann!

Durch Dankbarkeit bestätigen wir, wie viel Gutes in unserem Leben bereits vorhanden ist. Und je mehr wir das Gute sehen und anerkennen, wirken wir auch selbst verbessernd auf unsere Umwelt ein. Ein anderes Wort für Dankbarkeit ist darum auch das Segnen. Dankbarkeit wirkt wie ein Segen, den ich aus meinem Herzen verbreite und der das Gute in die Welt fließen lässt.

Segnen

Mach dir zunächst bewusst: Jeder von uns segnet, in jedem Moment, allein durch die innere Haltung, die er jetzt gerade ausstrahlt. Wenn wir immerfort wirken, warum dann nicht gleich in guter Absicht, zum Wohl für andere und diese Welt? Wir alle dürfen segnen und unseren Segen in diese Welt hinausströmen lassen. Verbinde dich also wieder mit deinem Herzen. Atme ein paarmal in dein Herz, ein und aus. Stell dir dann vor, beim Ausatmen würde aus deinem Herzen dein Segen fließen. Du kannst ihn dir als Licht vorstellen, das sich ausbreitet, oder als goldenen Glanz. Deiner Fantasie sind keine Grenzen gesetzt. Wohin möchte dein Segen fließen? Segne einfach alles, was dir in den Sinn kommt. »Ich sende Licht und Liebe zu meiner Frau und meinen Kindern. Ich segne meine Familie. Ich sende meinen Segen an alle Freunde und Bekannten. Ich segne meine Arbeitsstelle und meine Kollegen. Ich segne mein Zuhause. Ich lasse meinen Segen über die ganze Welt fließen.« Segne alles, was dir einfällt, und stell dir vor, dass die Liebe, das Licht und der goldene Glanz sich dort verbreiten, wo du deinen Segen hinschickst. Wie fühlt sich das an?

Dankbarkeit und Segnen stellen eine Verbindung zur Schöpfung her, wie wir sie von Wen Yuke kennen, wenn er seine Bilder vom Bambus malte. Den direkten Kontakt zur Schöpfung kennen wir in unserem Kulturkreis als Form des Gebetes. Gott leitet sich in seinem Wortstamm ab vom Begriff »gut«, im Englischen noch leichter erkennbar durch die Ähnlichkeit von »god« und »good«. Um das Gute auf die Welt zu bringen, laden wir Gott, das Gute, im Gebet zu uns ein.

Deine Gaben aus dem Herzen verschenken

Verbinde dich zuerst wieder mit deinem Herzen. Atme dazu ein paarmal in dein Herz ein und aus. Nun lade die Schöpfung ein, dein Herz zu besuchen. Wie sieht für dich deine Schöpfung aus? Hast du eine traditionelle Vorstellung von einem Gott, dann stell dir einen alten Mann vor, der dich besucht. Aber sei frei, zu entdecken, was sich dir, in deinem Herzen, durch dein Gefühl zeigen möchte. Es kann ein Schmetterling sein, der lustig umherflattert. Oder die Sonne, die Wärme verströmt. Es kann auch ein Platz in der Natur sein, in der Mutter Erde ihre Schönheit besonders anmutig offenbart. Geh ganz in das Bild, das sich dir zeigt und das dei-

ne Vorstellung von der Schöpfung repräsentiert. Nun lass dein Herz zu diesem Mann, dem Schmetterling, der Sonne oder Mutter Natur sprechen. Was willst du sagen, in diesem Moment? Vielleicht etwas in dieser Art: »Lieber Gott, durch deine Schöpfung lässt du mich teilhaben an allem, was in meinem Leben stattfindet. Bitte versorge mich und meine Familie wie auch alle Menschen mit allem, was sie benötigen. Bitte kümmere dich besonders um diejenigen, die gerade deine Hilfe besonders nötig haben. Ich bete für alle Kranken, Notleidenden und Hungernden auf dieser Welt. Segne sie, hilf ihnen, versorge sie. Darum bitte ich dich. Danke!«

Dankbarkeit, Segnen und Beten sind nicht voneinander zu trennen. Wenn ich bete, segne ich. Und wenn ich dankbar bin, ähnelt dies einem Gebet an die Schöpfung. Es sind nur andere Begriffe für dieselbe innere Haltung dem Leben gegenüber. Zu jedem dieser drei Gefährten habe ich bereits eigene Bücher schreiben dürfen (*Das Wunder der Dankbarkeit, Die Wunderkraft des Segnens* und *Gebete ans Universum*, siehe Literaturverzeichnis), auf die ich an dieser Stelle gern verweisen möchte. Gemeinsam haben aber alle drei, dass wir sie aus dem Herzen, aus einer tiefen inneren Demut heraus, praktizieren sollten. Alle drei sind Herzensangelegenheiten, durch die ich mit dem Tao in Verbindung komme und mit ihm in Wechselwirkung treten kann.

Dankbarkeit, Beten und Segnen treten in direkte Wechselwirkung mit der Schöpfung.

Es ist wirklich einfach, das Gute in die Welt zu geben. Wir sollten es nur tun. Oft steht uns da unser Verstand im Weg, der gern alles kompliziert macht. Dort, wo unser Verstand zweifelt, kann ihn vor allem unsere gemachte Erfahrung lehren, wie sinnvoll es ist, gemäß dem Bambus-Effekt auch unserem Leben alles zu geben, was uns fehlt. Alles, was wir dazu brauchen, ist die Erfahrung, dass der Bambus-Effekt wirklich funktioniert.

Die Erfahrung ist wie eine Laterne im Rücken; sie beleuchtet nur das Stück Weg, das wir bereits hinter uns haben. (Konfuzius)

Wenn wir unsere Gaben verschenken, sind wir im Tun. »Der Weg zum Tun ist zu sein«, sagt Laotse. Anstatt uns dauernd den Kopf zu zerbrechen, wie und wann wir etwas tun sollten, ist es viel einfacher, immer wieder in Gedanken zu segnen, zu beten und dankbar zu sein. Der Segen weiß dann schon, wohin er fließen soll. Dazu genügt es wirklich, einfach nur innerlich zu sagen: »Ich danke. Ich bete. Ich segne.«

Wenn wir aus dem Herzen danken, beten und segnen, sind wir automatisch im Sein.

Damit schließt sich der Kreis. Es ist unsere einfachste Übung, in dieser Weise zu geben. Und immer dann, wenn wir es tun, verbinden wir uns unsichtbar mit unserer Urschöpfung und lassen den Segen, der unablässig über unseren Gefühlskörper zu uns fließt und der uns mit Energie und Leben versorgt, durch uns weiterfließen, hinaus in die Welt. Damit lassen wir zu, dass die Schöpfung, das Tao, mit seinem lebendigen Sein ganz in uns eintritt und durch uns hindurchfließen kann. Statt anstrengend zu üben, wie es ist, zu fühlen, können wir einfach sofort an die Quelle gehen. Hier, am Ursprung, wirkt das Tao und verändert uns, lehrt uns, ohne Worte. Je mehr wir uns durch das Segnen, Danken und Beten mit diesem Ursprung verbinden, desto mehr werden wir fühlend und nehmen bewusster wahr, wer wir wirklich sind.

Danken, Beten und Segnen machen uns fühlender und bewusster, wer wir wirklich sind.

Denn oft sind die Prinzipien der Schöpfung, die auch dem Bambus-Effekt zugrunde liegen, so einfach, dass wir sie gar nicht gleich erkennen können. Sie lassen sich nicht verstehen, denn sie liegen fernab vom Verstand, auf tieferen, nur lebendig und fühlend zu entdeckenden Ebenen. Max Planck habe ich bereits mit seiner Meinung zitiert, es gebe tiefere Wahrheiten, wo sich auch gegensätzliche Aussagen nicht mehr widersprechen. Im Tao, der Urschöpfung, sind auch die Gegensätze integriert, da sie hier aus der Polarität erst entstehen. Darum ist vieles, was das Tao beschreibt, unverständlich für den Verstand und erscheint paradox.

Worte, die der Wahrheit Ausdruck geben, erscheinen paradox. (Laotse)

Ein Fürstensohn wollte die Kunst des Bogenschießens erlernen. Da hörte er, dass in einem weit entfernten Land ein wahrer Meister dieser Kunst leben solle. Um beim Besten der Besten lernen zu können, machte sich der junge Mann mit seinem Hofstaat auf den langen und mühsamen Weg in dieses ferne Land. Kaum überschritten sie endlich die Grenze, fanden sie überall auf den Wiesen untrügliche Beweise für die Kunst des Meisters: Viele große Strohballen mit einer aufgemalten Zielscheibe, in deren Zentrum genau in der Mitte ein einzelner Pfeil steckte. Der Prinz wünschte sich immer dringlicher, den Meisterschützen bald zu treffen. Dann war es endlich so weit. Der Meister war noch sehr jung, kaum älter als ein Kind. Sofort bat der junge Fürst ihn, ihm seine Kunst vorzuführen. Der junge Meister nickte. Ungerührt schoss er einen Pfeil mitten in einen Strohballen, ging dann hinüber und malte die Zielscheibe darauf. Und zwar genau so, dass der Pfeil in der Mitte steckte.

Von allen Geschichten in diesem Buch ist dies meine liebste. Wenn jeder Schuss meines Bogens ins Ziel treffen soll, dann muss ich mich nicht mit dem Üben quälen. Viel einfacher ist es, die Zielscheibe erst nach dem Schuss um den Pfeil herum zu malen. Hier liegt meine Erfolgsquote bei hundert Prozent. Der Pfeil steckt so exakt in der Mitte, jedes Mal.
Diese paradoxe Erzählung lädt dazu ein, umzudenken. Die Welt einmal mit anderen Augen zu sehen. Wenn ich denke, die Welt ist immer nur gegen mich, alle sind immer nur gemein zu mir und das Leben ist eine Qual, dann kann ich versuchen, den Pfeil zuerst zu schießen. Nimm einmal an, nur versuchsweise, die Welt liebt dich, alle tun Gutes für dich, und das Leben ist pure Freude. Vielleicht wird dann das Leben sich so um dich herum gestalten und anordnen, dass deine Annahme stimmt. Es malt dann um dich und deinen be-

reits geschossenen Pfeil die Zielscheibe so, dass du immer ins Schwarze triffst.

Und das Geheimnis daran: Es ist tatsächlich so. Wir geben immer, in jedem Moment. Und das Universum gibt uns zurück. Nur sind wir uns dessen nicht bewusst.

Es lebte einmal ein Zen-Meister, den alle Leute Meister Vogelnest nannten. Diesen Namen verdankte er seiner Angewohnheit, sich zur Meditation in die Äste einer Kiefer zu setzen. Während er wieder einmal in seinem Baum saß, kam ein Dichter zu ihm zu Besuch. Als der Gast den Meister in den Ästen des Baumes erblickte, erschrak er und rief besorgt: »Meister, passt auf, dass Ihr nicht herunterfallt.«

Der Meister antwortete: »Oh, keine Sorge. Was ich tue, ist nicht gefährlich. Wenn ich hier oben sitze und meditiere, ist mein Geist von jeglicher Unruhe und Erwartung befreit. Mir scheint, ihr lebt viel gefährlicher als ich. Euer Geist ist gefangen von Unruhe und der Macht der Leidenschaft. Die allerkleinste Begebenheit kann Euer Inneres erschüttern.«

Der Dichter war von diesen Worten sehr berührt. Er wollte mehr erfahren, und so fragte er den Meister: »Was ist der Kern der Lehre Buddhas?« Darauf sagte der Meister: »Nichts ist ohne Ursache. Handle darum niemals schlecht, sondern stets gut. Und zügle deinen Geist vollständig.«

Da wunderte sich der Dichter sehr. »Was Ihr mir sagt, klingt ganz einfach, so einfach, dass sogar ein kleines Kind es begreifen könnte.« »Wohl wahr, jeder kann es begreifen«, sagte der Meister. »Doch die wenigsten verwandeln dieses Wissen in die Tat.«

Das Prinzip hinter dem Bambus-Effekt kann erst in seiner Tiefe erkannt und mit Leben erfüllt werden, wenn wir fühlend geworden sind. Denn wir üben ständig eine Wirkung auf die Welt aus. Diese Wirkung vollzieht sich über unsere Gefühle. Ich kann sie deshalb nicht mit dem Verstand erkennen, weil mein Denken mich vom Fühlen abtrennt. Descartes sagte: »Ich denke, also bin ich.« Das möchte ich abwandeln zu: *Ich fühle, also bin ich.*

Du bist, was du fühlst.

Dabei wäre es für uns genauso einfach, zu fühlen, wie es für den Bambus ist, er selbst zu sein. Es passiert ganz von allein, und es ist so natürlich, wie es fast von selbst geschieht, einen Bambus zu spalten. Wir sind als Menschen so erschaffen, dass wir in jedem Moment fühlen können. Es entspricht unserer ureigenen Natur. Wir, als ein Teil des Schöpfung, des Tao, aus dem wir hervorgegangen sind, sind ganz selbstverständlich dazu in der Lage, uns mit dieser Schöpfung auch wieder zurückzuverbinden. Unsere Mutter Erde, die uns hervorgebracht hat, ist immer und gern bereit, uns wieder in ihre Arme zu schließen. Jede Mutter würde dies bereitwillig tun. Und diese Rückverbindung gelingt uns über unser Gefühl.

Das Fühlen entspricht unserer ureigenen Natur. Wenn wir fühlen, spüren wir den Kontakt zur Schöpfung.

Unsere Mutter Natur akzeptiert uns, wie wir sind. Egal, ob wir die Umwelt verschmutzen, ihre Bodenschätze ausbeuten und ihre Tiere dezimieren – alles furchtbare Handlungen! –, wir bleiben Zeit unseres Lebens ihre geliebten Kinder. Es ist für uns unmöglich, aus ihrem Feld der Liebe jemals zu entfliehen. Sie umgibt uns immer und wird es immer tun. Doch tut sie dies in der Stille und unsichtbar. Darum bemerken wir sie nicht. Wir können sie nicht mehr sehen, wie den Wald vor lauter Bäumen. Oder, wie ein Fisch das Wasser gar nicht erkennt, das ihn doch trägt, versorgt und umhüllt.

Hazrad Inayat Khan, ein großer Sufi-Meister, erzählte eine Hindu-Geschichte. Sie handelte von einem Fisch, der zur Königin der Fische schwamm und fragte: »Ich höre immer wieder vom Meer, aber was ist das, dieses Meer? Wo ist es?« Die Königin der Fische erklärte: »Du lebst, bewegst dich und hast dein Sein im Meer. Das Meer ist in dir und außerhalb von dir, du bist aus Meer gemacht und wirst im Meer enden. Das Meer umgibt dich, es ist dein eigenes Wesen.«

In ähnlicher Weise umgibt uns Menschen die Urschöpfung, das Tao. Jedoch ist sie uns ebenso unbewusst wie einem Fisch das Wasser sein muss. Viele der Analogien zur Beschreibung des Tao, die das Tao-Te-King aufführt, werden so ein Stück weit erklärbar. Wie Hazrad Inayat Khan sagt, ist diese Schöpfung um uns, aber auch in uns.

Wir sind ein Teil der Schöpfung. Das ist einfach so.
Es kann gar nicht anders sein.

Wir sind aber immer in einem bestimmten inneren Zustand. In jedem Moment unseres Lebens nehmen wir solch einen Zustand ein. Und in dieser inneren Haltung geben wir etwas in die uns umgebende Welt hinein. Damit sind wir schöpferisch, wie auch das Tao es ist.

Das Tao ist schöpferisch aus seinem Sein heraus. Die Schöpfung ist die Wirkung, die Folge des einfachen, natürlichen Zustandes des Tao. Das Tao *ist,* und genau darum ist es schöpferisch. Unsere Welt ist Ausdruck dieser Schöpferkraft.

Wenn es uns gelingt, so zu sein, wie wir sind, ohne uns zu sehr anzupassen und uns zu verstellen, dann gelingt uns der Zugang zum Tao, das uns immer umgibt, so wie einen Fisch das Wasser. Dann wirken auch wir, als Menschen. Auch unser Sein ist schöpferisch, und das ganz besonders, wenn wir zur inneren Ruhe gekommen sind und so eins mit der Schöpfung werden.

Der Weg zum Tun ist zu sein. (Laotse)

Gelassene Ruhe und fließender, lebendiger Ausgleich sind Eigenschaften des Tao und der Urschöpfung. Sind wir im Einklang mit dem Tao, gelingen uns in Momenten der Verschmelzung Bilder, wie sie Wen Yuke malt. Wir folgen dann fühlend unserer inneren Führung und gleiten frei und fließend durch unser Leben wie ein Fisch durch das Wasser. Das Leben trägt uns und führt uns an den richtigen Ort. Wir führen ein leichtes, einfaches Leben im Fluss.
Wenn wir uns akzeptieren, wie wir sind, mit allen Fehlern, dann lieben wir uns. Diese Liebe steht dann in direkter Verbindung zur Urschöpfung, die uns ebenfalls liebt. Die Liebe, die wir uns selbst geben, schenkt uns das Tao zurück. Die Liebe zu uns selbst macht alles ganz einfach. Die Liebe, die wir sind und die wir verschenken, findet immer zu uns zurück. Liebe ist der Weg und das Ziel. Denn wenn wir lieben, spüren wir irgendwann: Alles, was ist, ist Liebe.

In Verbundenheit,
man fühlt sich,
Manfred Mohr

DIE BAMBUS-ESSENZ

Auf der persönlichen Ebene zeigt uns der Bambus-Effekt, welch große Bedeutung Selbstliebe und Selbstakzeptanz für uns haben sollten. Denn viel zu oft kritisieren wir uns selbst.

Liebe dich selbst, und das Leben liebt dich zurück!

Sind wir der Meinung, in unserem Leben würde etwas fehlen, dann geben wir doch einfach mit Hilfe des Bambus-Effekts auch dem Leben, was dort fehlt. Dies gelingt uns durch Dankbarkeit, Segnen und Beten. Mit ihrer Hilfe geben wir das Gute in die Zukunft, damit es uns dort bereits erwarten kann.

Dankbarkeit, Segnen und Beten treten in direkte Wechselwirkung mit der Urschöpfung.

Durch die Praxis des Dankens, des Segnens und des Betens treten wir in Verbindung zum Tao und zur Urschöpfung. Dies gelingt uns auch in den Momenten, wenn wir fühlen, und in den Augenblicken, in denen wir einfach sind, wie wir sind. Dann, wenn wir uns akzeptieren.

Zu fühlen entspricht unserer ureigenen Natur. Wir sind vor allem fühlende Wesen. Und dieses Wesen ist schöpferisch aus sich selbst.

Anhang

Du musst das Leben nicht verstehen,
dann wird es werden wie ein Fest.
Und lass dir jeden Tag geschehen,
so wie ein Kind im Weitergehen
von jedem Wehen
sich viele Blüten schenken lässt.
(Rainer Maria Rilke)

Liste der Übungen

Kapitel 1
Wie wirkt dieser Mensch?........................ 16
Teste deinen EQ!................................ 19
Fühlen, um erfüllt zu sein...................... 23

Kapitel 2
Mit Kinderaugen sehen........................... 42
Die innere Haltung.............................. 50
Innere Haltung bei Problemen 56
Innere Haltung in der Partnerschaft............. 58

Kapitel 3
Die Stille in mir 68
Dein Hamsterrad................................. 70
Das kommende Jahr............................... 74
Deine Morgenmeditation.......................... 75
Energien ausgleichen 87
Der Bambus-Effekt 91

Kapitel 4
In den Wald hineinrufen 98
Mutter sein für dein Gefühl 103
Das innere Tier 105
Auf der Flucht vor dir selbst 110

Kapitel 5
Die Nervensäge 130
Die eigene Mitte stärken 141

Kapitel 6
Unser Ego-Esel 163
Ihre Majestät, das Ego 165
Unsere ersten Jahre 167

Kapitel 7
Der Besuch bei den Schwiegereltern 178
Wo bist du nicht gut genug? 181
Dich lieben, wie du bist 183
Das Gute geben 186
Dankbarkeit 189
Segnen 190
Deine Gaben aus dem Herzen verschenken 191

Literatur- und Quellenverzeichnis

Einige inspirierende Bücher zu Tao und Zen
Joachim Ernst Behrend: *Nada Brama – Die Welt ist Klang*. Suhrkamp 2007
Jack Canfield und Mark V. Hansen: *Chicken Soup for the Soul. 101 Stories to open the heart and rekindle the spirit.* Health Communications 1993
Waliha Cometti: *Die Schule der Engel*. Goldmann 2014 (www.waliha.ch)
Eugen Herrigel: *Zen und die Kunst des Bogenschießens*. Fischer 2004
Sandy Kuhn: *Das Tao der Worte*. Schirner 2013
Paul Reps: *Ohne Worte – ohne Schweigen*. O.W.Barth o.J.

Wissenswertes zum Thema Bambus
http://www.bambus-lexikon.de
http://www.lomi-nalani-aloha.de/texte/kleine-geschichte-des-bambus/
http://www.bambus-city.de/info/kulturelle-bedeutung.html
http://relaxdays.de/blog/produkte/bambus-in-der-asiatischen-kultur/
http://www.bamboo-and-art.ch/der-bambus/index.html
http://www.werkstoff-bambus.de/bambus-mythologie/

Bücher, Hörbücher, DVDs und Apps von Manfred Mohr
Die fünf Tore zum Herzen. Burgrain (Koha) 2011
Die Kunst der Leichtigkeit. Berlin (Ullstein) 2011
Das Wunder der Dankbarkeit. München (Gräfe und Unzer) 2012
Das kleine Buch vom Hoppen. Darmstadt (Schirner) 2013
Das Wunder der Selbstliebe – Ein Jahresbegleiter auf dem Weg zu deinem Herzen, Tischaufsteller. München (Gräfe und Unzer) 2013

Das Wunder der Dankbarkeit, Hörbuch. Berlin (Argon) 2013
Verzeih Dir! Die schönsten Meditationen, um Frieden mit sich selbst und anderen zu schließen, Hörbuch. Berlin (Ullstein) 2014
Verzeih Dir! Inneren und äußeren Frieden finden mit Hooponopono. Berlin (Ullstein) 2014
Weiterleben ohne dich. München (Nymphenburger) 2014
Das Wunder der Selbstliebe, DVD. München (Nymphenburger) 2014
Mit dem Herzen segnen. Burgrain (Koha) 2014
Bestellung nicht angekommen – die größten Irrtümer beim Wünschen. München (Goldmann) 2014
Die Wunderkraft des Segnens. München (Nymphenburger) 2015
In 30 Tagen hoppen lernen. Bramberg (Lebensraum Verlag) 2015
App Hoppen lernen für das Smartphone. Rosenheim (Momanda GmbH) 2015
Danke für die Lieferung – wie das Universum uns immer aufs Neue beschenkt. München (Goldmann) 2015
Wunschkalender 2017 (mit Pierre Franckh). Burgrain (Koha) 2016
Gebete ans Universum – Wie wir Hilfe für die wirklich wichtigen Dinge im Leben erhalten. München (Goldmann) 2016
Übungen für einen besseren Kontakt zum Herzen, gesprochen von Manfred Mohr, finden sich als Download auf mohr.momanda.de.

Gedichte von Manfred Mohr
Gedichte, die das Herz berühren. Regensburg (ri-wei) 2009
Dein Herz hat einen Namen. Regensburg (ri-wei) 2010

Bücher von Bärbel und Manfred Mohr

Fühle mit dem Herzen und du wirst deinem Leben begegnen. Burgrain (Koha) 2007
Cosmic Ordering – die neue Dimension der Realitätsgestaltung. Burgrain (Koha) 2008
Bestellungen aus dem Herzen. Aachen (Omega) 2010
Das Wunder der Selbstliebe. München (Gräfe und Unzer) 2011
Hooponopono – eine Herzenstechnik für Heilung und Vergebung. Burgrain (Koha) 2014

Ausbildung zum Coach für positive Realitätsgestaltung

In jedem Jahr bietet Manfred Mohr die Ausbildung zum »Coach für positive Realitätsgestaltung« an. Sie wendet sich an alle, die intensive Versöhnungsarbeit auf lockere und leichte Weise üben möchten. Das Fühlen, Beten, Segnen wie auch das hawaiianische Hooponopono sind wesentliche Bestandteile der Ausbildung. An vier Wochenenden werden folgende vier Schwerpunktthemen behandelt:
1: Heilung von Beziehungen: Hooponopono – das hawaiianische Vergebungsritual
2: Meine Beziehung zu mir selbst (I): Das Wunder der Selbstliebe
3: Meine Beziehung zu mir selbst (II): Wieder fühlen lernen
4: Meine Beziehung zum Universum: Wochenendseminar Wunscherfüllung
Näheres dazu findet sich unter www.manfredmohr.de, Stichwort »Seminare«.

SIGRID ENGELBRECHT

Ich steh auf mich

*Wertschätzung macht mich
und andere stark*

Wer sich selbst wertschätzt, wird auch von anderen respektiert. Die Bestsellerautorin und Expertin im Bereich Persönlichkeitsentwicklung Sigrid Engelbrecht widmet sich in ihrem neuen Buch dem grundlegenden Thema Wertschätzung und Selbstwertgefühl. Unter Selbstwertgefühl versteht man einen zugleich realistischen und liebevollen Umgang mit eigenen Stärken und Schwächen. Dieser praktische Ratgeber vermittelt Hintergrundwissen, Methoden und praktische Tipps, um mutig und selbstbewusst zu leben.